MEINE DIY-KÜCHE

44 X SELBST GEMACHT VON GRANOLA BIS KIMCHI

Stiftung Warentest

HURRA, EIN FREIER NACHMITTAG!

SCHÖNES WOCHENENDE!

ENDLICH FERIEN!

VORWORT

Dieses Buch ist als eine kreative Verschnaufpause gedacht. Es versammelt kleine Küchenprojekte, die man sich vornehmen kann, wenn sich unverhofft ein freier Nachmittag auftut, ein wunderbar ruhiges Wochenende vor einem liegt oder – die Kirsche auf dem Kuchen – einige Urlaubstage Muße zum Experimentieren schenken.

Viele Rezepte drehen sich um Speisen, bei denen man vielleicht nicht auf die Idee gekommen wäre, sie selbst zu machen: Ketchup und Senf, Müsli und Nudeln, Löffelbiskuits und Croissants. Der Griff ins Supermarktregal scheint bei diesen Produkten das Selbstverständlichste der Welt zu sein. Doch ist es nicht unglaublich beruhigend zu wissen, dass sich diese Basics ganz einfach selbst herstellen lassen? Ganz zu schweigen von den wunderbaren Möglichkeiten, die das selbstbestimmte Zusammenstellen der Zutaten bietet: lieber Cranberrys statt Rosinen im Müsli? Der Körper wehrt sich gegen Gluten? Der Ketchup soll nicht hauptsächlich aus Zucker bestehen? Alles kein Problem für Selbermacher!

Apfelstrudel und Pflaumenmus kennt man vielleicht aus der großelterlichen Küche, wo häufig nach Gefühl gekocht, gebacken und eingelegt wurde. Diejenigen, die das Glück haben, Omas Rezepte auf verblichenen Zetteln zu besitzen, kennen wahrscheinlich auch vage Anleitungen wie: „So viel Mehl zugeben, bis der Teig sich richtig anfühlt." Oder: „Bei mittlerer Hitze backen, bis der Kuchen fertig ist." Auch wenn uns solche Angaben im ersten Moment womöglich ratlos dastehen lassen, vermitteln sie doch etwas ganz Wichtiges: Küchengeräte und Anweisungen helfen, aber man darf und sollte auch seinen Augen und seinem Gefühl vertrauen. So kann einem ein Zuckerthermometer genau anzeigen, wann das Karamell fertig ist, aber für manche Dinge, z. B. wie sich Hefe- oder Brotteig anfühlen sollte, muss man einfach ein Gefühl entwickeln. Und man wird es entwickeln.

Neben dem Alltäglichen und dem Altbekannten finden sich Rezepte für fermentierte Lebensmittel, z. B. Kombucha, Salz-Dill-Gurken, Sauerteig oder auch Salzzitronen. Fermentation ist der große Abenteuerspielplatz der Selbstmacher, alles ist möglich. Wenn es gelingt, bringen die Ergebnisse einen vor Stolz zum Strahlen und man liebäugelt schnell mit gewagteren Kombinationen. Doch wie auf jedem richtig abenteuerlichen Spielplatz kann man auch hier auf die Nase fallen, denn das Ferment lebt und hat mitunter seinen eigenen Willen. Im schlimmsten Fall macht man es kaputt. Aber einen richtigen Abenteurer kann das nicht abhalten! Aufstehen und noch mal versuchen, denn Durchhaltevermögen, Geduld und Offenheit für neue Geschmacksrichtungen sind Trumpf beim Fermentationsvergnügen!

Einige Rezepte zählen zum Thema „Neuland in Sicht!". Von manchen hat man womöglich noch nie etwas gehört, z. B. Kichererbsen-Tofu, Kokosjoghurt oder Knoblauch-Confit. An anderen wollte man sich immer schon einmal selbst versuchen, man ist nur noch nie dazu gekommen, z. B. Macarons, Sushi oder Gravlax. Jetzt ist der richtige Augenblick! Und wieder andere sprechen Jäger und Sammler, Mischer und Mörser an. Ob herrliche Gewürzmischungen, köstliche Tees aus selbst gesammelten Kräutern, Nussmus mit Kick, Aufstriche oder Currypasten, hier kann ganz tief in die Kreativitätskiste gegriffen werden. Und wer die doppelte Menge macht, hat gleich ein wunderbares Geschenk für liebe Freunde.

Ein Wort zu den Zutaten: Für die Rezepte in diesem Buch empfehlen sich meistens Bio-Produkte und saisonales Gemüse. Zum einen begründet sich darin die Motivation, die hinter vielen der vorgestellten Küchenprojekte steht: Nämlich, es einen Hauch besser, aromatischer und letztendlich gesünder machen zu wollen, als es die Fertigprodukte aus dem Supermarkt häufig sind. Die Verwendung von unbehandelten, saisonalen Zutaten geht mit diesem Anspruch Hand in Hand.

Ein weiterer Grund ist, dass man auf der Suche nach speziellen Zutaten, z. B. probiotischem Pulver, im Bioladen am ehesten fündig wird.

Und zu guter Letzt dreht es sich häufig um lebende Kulturen wie bei Kombucha, Ginger Beer, Joghurt, Salzzitronen, Kimchi und Dill-Gurken. Um sie am Leben zu erhalten, sollte man Chemie vermeiden, die den Fermentationsprozess stören und Organismen wie den Kombucha-Pilz töten kann. Oder positiv ausgedrückt: Viele dieser Projekte gelingen mit unbehandelten Produkten am besten.

AUSSTATTUNG

Gläser, Flaschen, Behälter

Schon beim ersten Blick ins Buch wird klar, dass es sich häufig um das Haltbarmachen dreht, vieles auf Vorrat hergestellt oder verschenkt werden kann. Daher stehen auf der Liste der nötigen Utensilien sterilisierte Schraubgläser, und Flaschen mit passendem Verschluss, ganz oben. Das müssen keine Neuanschaffungen sein. Wenn man gebrauchte Tomatensauce-Gläser, Sahneflaschen usw. gründlich säubert, kann man sie bedenkenlos verwenden. Bei häufiger Verwendung empfiehlt es sich, in hochwertigere Markengläser zu investieren.

Zum Sterilisieren müssen die Behälter mit Spülmittel und heißem Wasser gereinigt und gut ausgespült werden. Anschließend Gläser und Verschlüsse mit kochendem Wasser füllen, kurz stehen lassen und dann mit der Öffnung nach unten im 120 °C heißen Backofen 20 Min. trocknen. Alternativ lassen sich die Gläser bei hohen Temperaturen in der Spülmaschine sterilisieren. Heiße Speisen wie Konfitüre sollten in heiße Gläser gefüllt werden, sonst könnten diese zerspringen.

Soll etwas luftdicht verpackt aufbewahrt werden, eignen sich ebenso Schraubgläser, Kunststoff- oder Metalldosen, sodass auf Frischhalte- und Alufolie in den meisten Fällen verzichtet werden kann.

Waage

Für die meisten Rezepte sollten die Zutaten abgewogen werden. Bei manchen muss man es nicht so genau nehmen wie bei Granola. Macarons hingegen sind kleine Diven, sie erfordern ein grammgenaues Abwiegen. Wenn man häufiger backen möchte, lohnt sich auf jeden Fall die Anschaffung einer guten Digitalwaage.

Küchenmaschine, Stabmixer, Blitzhacker

Häufig müssen Zutaten zerkleinert oder püriert werden. Man muss sich deswegen nicht sofort eine große, teure Küchenmaschine oder gar einen Standmixer kaufen. Meistens genügt ein Stabmixer. Für Getreidemilch ist er beispielsweise völlig ausreichend.

Ein guter Küchenhelfer ist ein Blitzhacker. Er nimmt nicht viel Platz weg und ist vielseitig einsetzbar. Man kann darin z. B. Nüsse, Kräuter und Gemüse hacken oder mahlen sowie Pestos, Aufstriche oder auch kleinere Mengen Teig herstellen.

NÜRNBERGER

Sieb

Ein feinmaschiges Sieb kommt häufig beim Auflockern von Mehl zum Einsatz, aber auch zum Passieren bzw. Abgießen von Marmelade, Ketchup, Brühe, Ricotta etc. Für die meisten Rezepte reicht ein Metallsieb, für fermentierte Getränke wie Kombucha muss es ein Kunststoffsieb sein.

Backthermometer

Der Hinweis, dass die Backzeiten und Temperaturen je nach Backofen variieren können, steht nicht umsonst in nahezu jedem Kochbuch. Du wirst überrascht sein, um wie viel Grad dein Backofen von der Temperatur auf der Anzeige abweicht. Ein Backthermometer ist daher eine gute Investition.

Zuckerthermometer

Ein Zuckerthermometer ist nur für eine Handvoll Rezepte notwendig, häufig kann man nach Gefühl oder Sicht gehen. Allein Karamellliebhaber sollten sich unbedingt eines zulegen, denn 2 °C mehr oder weniger können beim Schmelzen und Kochen von Zucker schon die Welt bedeuten.

Spritzbeutel

Eine gute Anschaffung für diejenigen, die häufig Amarettini, Löffelbiskuit oder Macarons backen möchten. Man kann sich mit einem großen Gefrierbeutel behelfen, in den man den Teig füllt und bei dem man zum Spritzen der Masse einfach ein Eckchen abschneidet. Der Nachteil ist, dass er sich schlecht wiederverwenden lässt.
Zum Befüllen des Spritzbeutels hilft es, diesen mit der Tülle nach unten in ein hohes Gefäß zu stellen und den oberen Teil des Beutels um den Gefäßrand zu schlagen. So hat man beide Hände frei zum Einfüllen des Teiges.

Mörser, Gewürz- bzw. Kaffeemühle

Ein Mörser ist kein Muss, aber eine Bereicherung für jede Küche, in der mit Gewürzen gearbeitet wird. Bei einer Neuanschaffung sollte man schwerem und großem Gerät den Vorzug geben, das erleichtert die Arbeit ungemein und macht den Mörser vielseitig einsetzbar, etwa auch zur Herstellung von Pestos, Pasten und Aufstrichen.
Sollen die Gewürze oder auch mal Zucker fein gemahlen werden, leistet eine Gewürz- bzw. auch eine Kaffeemühle gute Dienste.

Eieruhr oder anderer Timer

Eines der wichtigsten Hilfsmittel in der Küche. Die verlässlichsten Kumpel sind die Timer, die so lange Alarm schlagen, bis man hingeht und sie ausstellt. Es gibt nichts Schlimmeres, als sich tagelang um ein Sauerteigbrot gekümmert zu haben, um es dann verbrannt aus dem Ofen zu holen.

HURRA, EIN FREIER NACH-MITTAG!

FRÜHSTÜCKS-KNUSPER

✳ LEICHT   ◔ CA. 50 MIN.

Der knusprige Bruder des Müslis erfüllt die Küche mit herrlichem Duft, beschert uns ratzfatz Frühstücksglück und lässt sich zwischendurch gerne mal einfach so wegknabbern. Und das Beste: Der Kreativität sind bei Granola keine Grenzen gesetzt! Wer es clean mag, folgt einfach dem Grundrezept, Exotik-Fans mischen Kokoschips und Mangopüree unter, Süßschnäbel erhöhen die Menge an Trockenfrüchten und Freunde des würzigen Genusses pimpen ihr Granola mit Zimt, Kardamom oder Ingwer.

GRANOLA

Für ca. 8 Portionen
150 g Trockenfrüchte nach Wahl*
300 g kernige Haferflocken
250 g Mischung aus Mandeln, Nüssen und Kokoschips
50 g Mischung aus Kernen und Samen
100 ml zerlassenes Kokosöl
80 ml Ahornsirup
1 TL Zimt
1 TL Vanilleextrakt
½ TL Meersalz

1 Trockenfrüchte, die mitgebacken werden sollen, in heißem Wasser einweichen. Solche, die sich nicht gut einweichen lassen, werden nach dem Backen untergemischt, sie würden im Ofen sonst schnell verbrennen. Den Backofen auf 150 °C vorheizen, ein Blech mit Backpapier auslegen.

2 Haferflocken mit der Mandel-Nuss-Kern-Mischung in einer Schüssel mischen. In einem Schälchen das Kokosöl mit Ahornsirup, Zimt, Vanilleextrakt und Salz verquirlen. Zu den Haferflocken gießen, alles gut vermengen.

3 Die Trockenfrüchte abgießen und unterheben. Die Masse auf dem Backblech verteilen und in 30–40 Min. goldbraun backen. Dabei alle 10 Min. durchmischen und einmal das Blech wenden. Das Granola vor allem in den letzten 10 Min. im Auge behalten, denn es wird schnell zu dunkel.

4 Herausnehmen, evtl. Trockenfrüchte untermischen und alles vollständig abkühlen lassen. Granola in Schraubgläsern aufbewahren.

Pro Portion:
563 kcal, 35 g F, 43 g KH, 9 g B, 14 g E

BÄUMCHEN, WECHSLE DICH!

Kombiniere, was dir schmeckt. Die Zutaten misst du am besten nach Volumen ab, damit das Mischverhältnis stimmt. Auf 6 Teile trockene Zutaten (600 ml) kommt 1 Teil flüssige Zutaten (50 ml Öl + 50 ml Süßungsmittel) sowie Trockenfrüchte nach Wahl.

*Trockenfrüchte:
Einweichen und mitbacken:
Rosinen, Cranberrys, Kirschen, Blaubeeren, Gojibeeren, Aprikosen.
Nach dem Backen zufügen:
Datteln, Ananas, Pflaumen, Feigen, Maulbeeren, Apfelringe, Mango, gefriergetrocknete Erdbeeren und Himbeeren.

Statt Haferflocken:
Dinkel, Kornmischung (z. B. mit Einkorn, Gerste, Erdmandel, Weizen).

Mandeln und Nüsse:
Mandeln, Cashewkerne, Walnüsse, Haselnüsse, Pekannüsse, Paranüsse, Pistazien, Macadamianüsse, Erdnüsse.

Samen und Kerne:
Pinienkerne, Kürbiskerne, Leinsamen, Sesamsamen, Mohnsamen, Sonnenblumenkerne, Hanfsamen.

Statt Kokosöl:
Olivenöl, Rapsöl, Traubenkernöl, Ghee, Butter.

Statt Ahornsirup:
Honig, Kokosblütensirup, Agaven-, Apfel- oder Birnendicksaft, Reissirup, Dattelsirup, Zuckerrübensirup, eingeweichte und pürierte Trockenfrüchte oder Fruchtmus (z. B. aus Banane, Mango, Maracuja oder Apfel).

Aromakicks:
Vor dem Backen zufügen:
Bio-Zitronenabrieb, Bio-Orangenabrieb, Kakaopulver, gemahlener Ingwer, gemahlener Kardamom, Kurkuma, Fenchelsamen, Rosmarin.
Nach dem Backen zufügen:
Kakao-Nibs, weiße oder dunkle Schokostückchen, getrocknete Rosenblüten.

BUNTES FÜR DIE STULLE

✱ LEICHT   ◔ 15–40 MIN.

Ob Veganer oder nicht, manchmal muss etwas Abwechslung aufs Brot. Als Basis für die Aufstriche dienen hier Sonnenblumenkerne, Linsen, Kichererbsen und Cashewkerne, möglich sind aber auch Bohnen oder Süßlupinen, Macadamia- oder Walnusskerne. Und die Kombinationsmöglichkeiten sind endlos. Wichtig für das Gelingen ist, dass Hülsenfrüchte vorab gegart und harte Kerne und Nüsse eingeweicht verwendet werden (siehe Nussmuss S. 100).
Gewürze, Gemüse und sogar die Basis können bei den folgenden Rezepten nach eigenen Wünschen angepasst werden, so lange das Verhältnis von trockenen zu feuchten Zutaten ähnlich bleibt. Bei Aufstrichen ist nahezu alles erlaubt.

AUF-STRICHE

Für je 1 Glas à 200 ml

Rote-Bete-Wasabi-Creme

75 g gegarte Kichererbsen
25 g Cashewkerne
75 g Rote Bete, gegart
1 TL geriebener Ingwer
½–1 TL Wasabipaste
Ca. 2 TL Zitronensaft
Ca. 1 TL Meersalz
1 TL Apfelessig

1 Kichererbsen und Cashewkerne im Blitzhacker pürieren. Rote Bete grob würfeln und zugeben. Den Ingwer mit Wasabi, Zitronensaft, Salz und Apfelessig zufügen.

2 Alles noch mal durchmixen und kräftig mit Salz, Wasabi und Zitronensaft abschmecken. In ein sauberes Glas füllen und im Kühlschrank bis zu 5 Tage aufbewahren.

Pro EL:
36 kcal, 1 g F, 3 g KH, 1 g B, 1 g E

Röstpaprika-Aufstrich

1½ rote Paprikaschoten
1 Schalotte, geschält
1 Knoblauchzehe, geschält
½ rote Chilischote
1 EL Olivenöl
je 25 g Sonnenblumen-, Cashew- und Pinienkerne
1 EL Petersilie, gehackt
1 TL Tomatenmark
1 TL Zitronensaft
1 TL Agavendicksaft
½ TL Meersalz
frisch gemahlener Pfeffer

1 Backofengrill vorheizen, Paprika entkernen und vierteln. Mit der Haut nach oben auf ein Blech legen und ca. 8 Min. rösten, bis die Haut schwarz ist und Blasen wirft. Für 15. Min in einen Gefrierbeutel geben und verschließen. Herausnehmen und die Haut ablösen.

2 Fruchtfleisch klein schneiden, mit allen übrigen Zutaten pürieren. In einem sauberen Glas im Kühlschrank bis zu 3 Tage aufbewahren.

Pro EL:
74 kcal, 5 g F, 3 g KH, 1 g B, 2 g E

1 Die Schalotte und den Knoblauch schälen und fein hacken. Das Öl in einem Topf erhitzen und die Schalotte und den Knoblauch darin glasig dünsten. Die Linsen und das Tomatenmark zugeben, gut vermengen und kurz mitdünsten. Die Gemüsebrühe zugießen und Rosinen, Ingwer und die Gewürze einrühren.

2 Alles zum Kochen bringen, dann bei geringer Hitze abgedeckt ca. 10 Min. garen. Falls noch viel Flüssigkeit zu sehen ist, kurz ohne Deckel weiterköcheln lassen, bis sie verdampft ist.

3 Abkühlen lassen. Mit Zitronensaft, Salz und Pfeffer abschmecken und alles cremig pürieren. Den Aufstrich in ein Gläschen füllen und im Kühlschrank aufbewahren. Er hält sich ca. 5 Tage.

Pro EL:
56 kcal, 1 g F, 6 g KH, 2 g B, 3 g E

Orientalische Linsencreme

1 Schalotte
1 Knoblauchzehe
1 EL Kokos- oder Olivenöl
100 g rote Linsen
1 TL Tomatenmark
200 ml Gemüsebrühe
2 TL Rosinen
½ TL geriebener Ingwer
je ¼ TL gemahlener Kreuzkümmel, gemahlener Koriander, Paprikapulver (edelsüß) und Cayennepfeffer
1 TL Zitronensaft
½ TL Meersalz
frisch gemahlener Pfeffer

TIPP Rote Bete kann man vorgegart und vakuumiert kaufen, man kann sie aber auch leicht selbst garen. Die Knollen ungeschält in einem Topf mit Wasser bedecken und bei niedriger Hitze 30–50 Min. köcheln lassen. Die Garzeit hängt von der Größe der Knollen ab. Abschrecken und die Schale abreiben.

HUSCH, HUSCH INS SCHÄLCHEN!

✱ LEICHT ◔ CA. 10 MIN. + BACKZEIT

Noch nie war es so leicht, ein Blech Gemüse in Nullkommanichts wegzufuttern! Für bunte, leckere Chips ist es allerdings nicht damit getan, eine Handvoll Rote Bete in die Fritteuse zu werfen. Nur wer seine Rübchen liebevoll hobelt, gründlich mit Öl massiert und sie beim Backen nicht allzu lange alleine lässt, dem lacht bald der bunte Knabberspaß aus dem Schälchen entgegen. Man kann sie pur ebenso genießen wie zu Hummus oder Quarkdip.
Zum Rösten eignen sich vor allem Wurzelgemüse wie Rote Bete, Möhren, Pastinake, aber auch Süßkartoffeln, Kürbis und Blattgemüse wie Wirsing, Grünkohl oder kleine Spinatblätter.

GEMÜSE-CHIPS

Für 2–4 Portionen
Ca. 400 g Knollen- und Wurzelgemüse (z. B. Rote Bete, Möhre und Pastinake) oder 2–3 Handvoll Blätter (z. B. Wirsing oder Grünkohl)
ca. 3 EL Öl (z.B. Oliven-, Avocado-, Raps- oder Keimöl)
½–1 TL Meersalz

1 Das Gemüse waschen, ggf. schälen und gut abtrocknen. Mit einem Gemüsehobel oder einem scharfen Messer in gleichmäßig dünne Scheiben schneiden und diese mit Küchenpapier abtupfen. Blattgemüse wie Grünkohl in mundgerechte Stücke reißen. Die jeweiligen Gemüsesorten getrennt voneinander zubereiten und garen, da sie unterschiedliche Backtemperaturen und Zeiten benötigen.

2 Den Ofen vorheizen, siehe rechte Seite. Das vorbereitete Gemüse in eine Schüssel geben, mit Öl beträufeln und mit den Händen sanft massieren. Bei Roter Bete am besten Einweghandschuhe benutzen.

3 Die Scheiben oder Blätter einlagig auf einem mit Backpapier belegten Blech verteilen. Wer mag, kann sie mit Backpapier bedecken und mit einem passenden Blech beschweren, dann werden sie weniger wellig. In den Ofen schieben und die Backofentür einen Spalt auflassen. Nach der Hälfte der Backzeit ggf. das obere Blech sowie Backpapier entfernen und das untere Blech sowie alle Gemüsescheiben wenden. Während der Backzeit darauf achten, dass die

Chips nicht zu dunkel und damit bitter werden. Gerade bei Roter Bete kann das ganz schnell passieren. Als Richtwerte gelten folgende Temperaturen und Zeiten:

- Rote Bete: 140 °C, 30–45 Min.
- Möhre, Pastinake und Petersilienwurzel: 140 °C, 30–40 Min.
- Süßkartoffel: 175 °C, 20 Min.
- Kürbis: 160 °C, 20 Min.
- Grünkohl und Wirsing: 120 °C, 14 Min.
- Babyspinat: 175 °C, 8 Min.

4 Nach Ende der Backzeit die Chips herausnehmen und mit Salz würzen. Nach dem Abkühlen werden sie noch etwas knuspriger. Frisch schmecken sie am besten.

Pro Portion à 30 g
Pastinake, Süßkartoffel, Kürbis:
102 kcal, 6 g F, 10 g KH, 2 g B, 1 g E

Möhre, Rote Bete, Petersilienwurzel:
79 kcal, 6 g F, 4 g KH, 2 g B, 1 g E

Grünkohl, Wirsing, Spinat:
68 kcal, 6 g F, 1 g KH, 1 g B, 1 g E

TIPP Gemüsechips schmecken allein mit etwas Meersalz schon sehr gut, aber über einen kleinen Aromakick beschweren sie sich bestimmt auch nicht. Geeignet sind hierfür aromatisierte Salze (siehe Seite 154); Gewürze wie schwarzer Pfeffer, Chilipulver, Cayennepfeffer, Currypulver, (geräuchertes) Paprikapulver, Fenchelsamen, Rohrohrzucker oder Mischungen wie Garam Masala; Kräuter wie Oregano, Salbei oder Rosmarin oder auch etwas Essig, den man am besten mit einer Sprühflasche dosiert.

OH, LA DOLCE VITA

✱ EINFACH ◔ CA. 1 STD.

Im Café sind die kleinen Kekse als süße Begleiter zu warmen Getränken populär – wer Cappuccino sagt, muss auch Amarettini sagen! Dabei können sie so viel mehr: Auf einem sahnigen Nachtisch sorgen sie für den gewissen Knusper, harmonieren mit Kirschen und Aprikosen in Schichtdesserts und Kuchenteigen, zerkrümelt füllen sie Strudel oder bilden den Boden für einen himmlisch cremigen Cheesecake. Man kann so viel Spaß mit diesen kleinen Bürschchen haben! Höchste Zeit also, ein Blech davon in den Ofen zu schieben!

AMARETTINI

Für ca. 50 Stück:
40 g Mandeln mit Haut
60 g blanchierte Mandeln
50 g Puderzucker + 1 TL
1 Eiweiß
1 Prise Salz
50 g Rohrohrzucker
¾ TL Bittermandel-Extrakt

Außerdem:
feines Sieb
Spritzbeutel mit
ca. 1 cm-Lochtülle
oder Gefrierbeutel

1 Den Backofen auf 150 °C (Ober-/Unterhitze) vorheizen.

2 Die Mandeln, die blanchierten Mandeln und den Puderzucker in einem Blitzhacker oder Hochleistungsmixer mahlen. Anschließend in eine Schüssel sieben und beiseitestellen.

3 Das Eiweiß mit dem Salz steif schlagen. Den Zucker nach und nach einrieseln lassen, anschließend das Bittermandel-Extrakt untermengen. Das Eiweiß schlagen, bis sich der Zucker vollständig darin aufgelöst hat.

4 Die Mandel-Puderzucker-Mischung zum Eiweiß geben und unterheben.

5 Die Masse in einen Spritzbeutel oder einen Gefrierbeutel füllen. Eine Spitze des Gefrierbeutels abschneiden. Kleine Tupfen (Ø ca. 1,5 cm) mit etwas Abstand zueinander auf ein mit Backpapier belegtes Blech setzen.

6 Mit angefeuchteten Händen oder einem feuchten Pinsel die Spitzen abflachen und die Tupfen mit dem restlichen Puderzucker bestäuben.

7 Die Amarettini ca. 15 Min. backen. Dann die Backofentür öffnen und einen Spalt offen lassen (z. B. einen Holzlöffel in die Tür stecken), nach Möglichkeit auf Umluft schalten; die Temperatur nicht verändern. Die Kekse weitere 12 Min. backen. Sie sind fertig, wenn sie sich problemlos vom Blech lösen lassen, härten aber auch noch nach, also nicht zu lange backen! Nach dem Abkühlen luftdicht verschlossen lagern.

Pro Stück:
21 kcal, 1 g F, 2 g KH, 0 g B, 0 g E

TIPP Achte beim Einkauf besonders auf die Qualität der Mandeln und des Bittermandel-Extrakts, denn diese beiden Zutaten sind für den Geschmack der Amarettini entscheidend. Es ist gar nicht so leicht, natürliches Extrakt zu finden, dem kein Zucker zugesetzt ist, doch die Suche lohnt sich.

Das übrig gebliebene Eigelb muss übrigens nicht weggeworfen werden, es wird zum Beispiel für das Tiramisu auf Seite 90 oder für den Apfelstrudel auf Seite 37 benötigt. Und wer nach all dem süßen Gebäck eher Lust auf etwas Herzhaftes hat, mixt das Eigelb einfach mit Senf, Weißweinessig und gutem Öl zu cremiger Mayonnaise oder gönnt sich einen Teller Spaghetti Carbonara.

EINFACH GEWICKELT

✱✱ MITTEL **◔ CA. 45 MIN.**

Japanische Sushi-Meister durchlaufen eine jahrelange Ausbildung, bis sie aus Reis und rohem Fisch kleine Köstlichkeiten zaubern können, die so frisch sind wie pures Meerwasser.
Ganz so viel Zeit haben wir zwar nicht, aber mit etwas Fingerspitzengefühl und Leichtigkeit gelingen die leckeren Röllchen auch Anfängern. Die größte Auswahl an Fisch bekommt man natürlich im Fischgeschäft oder – je nach Wohnlage – auf dem Wochenmarkt. Es wird empfohlen, den Fisch über Nacht tiefzukühlen, um unerwünschte Bakterien unschädlich zu machen. Alternativ kann man gleich TK-Fisch, z. B. Lachs, verwenden. Diesen vor der Verarbeitung im Kühlschrank antauen lassen.

SUSHI-REIS

200 g japanischer Sushi-Reis
4 EL Reisessig
1 EL Mirin
1 EL Zucker
1 TL Salz

Außerdem:
1 Fächer

1 Den Reis in ein Sieb geben und unter fließendem kaltem Wasser waschen, bis es klar bleibt. Den Reis mit 260 ml kaltem Wasser in einen Topf geben und aufkochen. Bei niedrigster Temperatur zugedeckt 10–15 Min. köcheln lassen.

2 Vom Herd nehmen und 10 Min. quellen lassen. Reisessig, Mirin, Zucker und Salz in einem kleinen Topf aufkochen, dann über den Reis gießen. Mit einem Fächer abkühlen, so bleibt der Reis schön glänzend.

MAKI-SUSHI

Für 24 kleine oder 12 große Röllchen:
100–150 g sehr frisches Lachsfilet
½–1 Gurke
1–2 Möhren
1 Avocado
4–8 Noriblätter
2 EL Weißweinessig
1 Portion Sushi-Reis

1 Hoso-Maki werden mit je ½ Noriblatt und einer Zutat zubereitet, während Futo-Maki aus 1 Noriblatt und mehreren Zutaten bestehen. Für beide Varianten von Maki-Sushi zuerst die Füllung vorbereiten: Lachs, Gurke, Möhren und Avocado in dünne Streifen schneiden und bereitstellen.

2 ½ oder 1 Noriblatt mit der glänzenden Seite nach unten auf die Sushimatte legen. Den Essig mit 500 ml Wasser mischen und die Hände damit befeuchten, dann klebt der Reis nicht so an den Fingern und lässt sich besser verarbeiten. Das Blatt 1,5 cm dick mit Reis belegen, etwas andrücken, oben 1 cm frei lassen.

3 Die gewünschte Füllung auf den Reis legen. Für die dünnen Hoso-Maki die Füllung mittig platzieren, für Futo-Maki aus einem ganzen Noriblatt im unteren Drittel.

4 Das Blatt mithilfe der Matte anheben und aufrollen, sodass der Reis die Füllung umschließt. Die Rolle mit den Fingern vorne, hinten und oben umfassen und zu den Seiten hin streifen. Die Rolle soll sich festigen, ohne dass der Reis gequetscht wird.

5 Mit der Naht nach unten auf ein Schneidebrett legen und in 3 cm breite Stücke schneiden. Das restliche Sushi ebenso zubereiten. Wasabipaste, Ingwer und Sojasauce in einzelnen Schälchen dazu servieren. Die Sushiröllchen übrigens nicht mit der Reisseite in die Sauce tunken, sondern mit der Algenseite.

Sushi mit Fisch (bei 4 Portionen):
353 kcal, 8 g F, 49 g KH, 1 g B, 16 g E

Sushi vegetarisch (bei 4 Portionen):
279 kcal, 4 g F, 50 g KH, 3 g B, 4 g E

Außerdem:
Wasabipaste
Eingelegter Ingwer
Sojasauce

Zubehör:
Sushimatte

TIPP Nigiri-Sushi werden nicht mit der Matte, sondern in den Händen zu kleinen Ballen geformt. Anschließend werden sie z. B. mit Fisch oder anderen Zutaten belegt. Diese können mit einem ca. 2 cm breiten Streifen Noriblatt umbunden und fixiert werden. Für Nigiri-Sushi braucht man neben 1 Portion Sushi-Reis ca. 200 g Lachs.

PROBIER'S MAL FRANZÖSISCH

✳✳✳ SCHWIERIG ◔ 45–60 MIN. + CA. 14 MIN. BACKZEIT

Macarons, diese kleinen Juwelen der Backkunst. Jeder Bäcker, der etwas auf sich hält, sollte sich einmal daran versuchen. Es erfordert zwar etwas Selbstsicherheit, Präzision und das richtige Wetter, damit diese kleinen Diven zur Höchstform auflaufen, aber wenn sie gelingen: Mon dieu, ein Träumchen!

Das mit dem Wetter ist übrigens kein Scherz, man sollte einen trockenen Tag wählen, denn sonst kriegen die Kekse weder eine zart-knackige Kruste noch das charakteristische Füßchen. Auch wenn es schwer fällt, sich zurückzuhalten, man sollte ihnen Zeit gönnen. Am besten schmecken Macarons, wenn sie nach dem Füllen mindestens eine Nacht ruhen durften.

Gefüllt werden können sie mit Buttercreme oder Ganache, aber auch Karamell- oder Marzipancreme und Konfitüre machen sich vorzüglich.

MACARONS

Für ca. 30 Macarons:
90 g blanchierte Mandeln
140 g Puderzucker
70 g Eiweiß, zimmerwarm (ca. 2 Stück)
1 Prise Salz
15 g Zucker
1 Msp. Lebensmittelfarbe in Pasten- oder Pulverform (optional)

Für Buttercreme:
120 g weiche Butter
100 g Puderzucker
Mark von 1 ½ Vanilleschoten oder Abrieb und 4 EL Saft von 1 Bio-Zitrone

Für Ganache:
100 ml Sahne
120 g Zartbitterschokolade

Außerdem:
Digitalwaage
feines Sieb
Silikonspatel
Spritzbeutel mit 1,5-cm-Tülle oder Gefrierbeutel

1 Zwei Bleche mit Backpapier belegen. Die Mandeln mit dem Puderzucker mischen. In einem Blitzhacker zu sehr feinem, mehlähnlichem Puder verarbeiten. Anschließend zwei-, dreimal sieben, beiseitestellen.

2 Das Eiweiß mit dem Salz zu mittelfestem Schaum schlagen. Unter Rühren den Zucker einrieseln lassen und das Eiweiß ganz steif schlagen. Falls Lebensmittelfarbe verwendet wird, diese nun zugeben und unterrühren.

3 Die Mandel-Zucker-Mischung mit einem Silikonspatel in drei Portionen unterheben. Immer wieder den Spatel unter die Masse führen, den Teig über die Seite zur Mitte schichten, als würde man ihn falten wollen. Dadurch wird überschüssige Luft behutsam herausgedrückt.

4 Die Masse auf diese Weise bearbeiten, bis sie seidig glänzt und beginnt, wie ein Band vom Spatel zu fließen. Dann sofort mit dem Rühren aufhören.

5 Den Teig in den Spritzbeutel füllen. Tupfen (Ø 3 cm) mit etwas Abstand auf die Backbleche spritzen. Mit der

Hand einige Male sanft von unten gegen die Bleche schlagen, damit Luftbläschen aus dem Teig entweichen. Die Eiweiß-Mandel-Tupfen bei Zimmertemperatur 40 Min. trocknen lassen.

6 In der Zwischenzeit die Füllung vorbereiten. Für Buttercreme die Butter mit Puderzucker schaumig aufschlagen und aromatisieren. Für Ganache die Sahne erhitzen, die Schokolade fein hacken und unterrühren. Die Masse mind. 6 Std. oder über Nacht kühl stellen, bis sie fest geworden ist. Anschließend mit dem Handrührgerät aufschlagen.

7 Den Backofen auf 140 °C (Ober-/Unterhitze) vorheizen. Die Macarons ca. 14 Min. backen. Abkühlen lassen, erst dann vom Papier lösen. Sie sind nun bereit zum Füllen.

8 Dafür die gewünschte Masse entweder mit einem Teelöffel oder mit einem Spritzbeutel auf die Macaron-Unterseiten geben und eine zweite Macaronschale daraufsetzen. Nach dem Füllen in einer Blechdose aufbewahren und mindestens über Nacht durchziehen lassen. Gefüllte

Macarons halten sich im Kühlschrank ca. 3 Tage, sie können aber auch in Gefrierdosen eingefroren werden. Vor dem Genuss sollten sie Zimmertemperatur annehmen dürfen. Ungefüllte Macaronschalen sind in Blechdosen ca. 2 Wochen haltbar.

Pro Macaron mit Buttercreme:
83 kcal, 5 g F, 8 g KH, 0 g B, 1 g E

Pro Macaron mit Ganache:
71 kcal, 4 g F, 7 g KH, 1 g B, 1 g E

TIPP Wichtig ist, zum Einfärben des Teiges nur Lebensmittelfarbe in Pasten- oder Pulverform zu verwenden. Flüssige ruiniert die Konsistenz. Die Buttercreme kann anstelle von Vanille oder Zitrone auch mit Fruchtgelee, Kakao, Kokosraspeln oder Rum aromatisiert werden.

ALLES AUF ZUCKER

✱✱ MITTEL ◔ CA. 30 MIN.

Sahne und Zucker: Ob der Erfinder dieser Kombination in den (Genuss-)Himmel oder in die (Ernährungs-)Hölle gehört, ist bis heute nicht entschieden worden. An der Süße dieser kleinen Naschis führt kein Weg vorbei, denn wer „Karamell" sagt, muss in der Regel auch „Zucker" sagen. Aber auch hier ist Herumspielen erlaubt, denn die Zuckermenge entscheidet über die Konsistenz der Karamellbonbons: umso höher, desto mürber das Ergebnis.

KARAMELL-BONBONS

150 g Butter + etwas extra
200 g Rohrohrzucker
1 Vanilleschote
200 ml Sahne
1 Prise Salz

Außerdem:
hitzebeständige Form (20 x 20 cm)

1 Die Form mit Backpapier auskleiden und dieses mit Butter bestreichen. Die Butter und den Zucker in einen großen bzw. hohen Topf geben. Bei mittlerer Hitze erwärmen, bis der Zucker geschmolzen ist. Die Vanilleschote längs halbieren und das Mark auskratzen. Die Sahne, die Vanilleschote und das -mark zur Butter-Zucker-Mischung geben.

2 Bei mittlerer Hitze auf ca. 115 °C erhitzen. Kochen, bis die Masse eindickt und sich vom Boden löst. Dabei häufig rühren. Vorsicht, denn die Masse schäumt zwischendurch stark auf und ist extrem heiß! Besonders dann, wenn sie nicht mehr so stark blubbert und sich beruhigt hat.

3 Die Masse noch ein paar Sekunden karamellisieren lassen, dann in die Form gießen. Nicht im Topf herumkratzen, diese Reste werden zu krümeligen Bröseln und verbinden sich nicht mehr mit der restlichen Masse.

4 Das Karamell vollständig abkühlen lassen, am besten über Nacht. Dann in kleine Würfel oder Rechtecke schneiden und in Zellophan oder Pergamentpapier wickeln.

Pro Stück (bei 50):
50 kcal, 4 g F, 4 g KH, 0 g B, 0 g E

TIPP Man kann die Karamellbonbons – in Kindheitserinnerungen schwelgend – ganz pur genießen, überhaupt kein Problem. Wenn es aber etwas spannender sein darf, machen sich ein paar Flöckchen Fleur de Sel ganz hervorragend darauf. Alternativ können in die Masse 2 EL Sesamsamen oder Kakaopulver gerührt werden. Bei allen Varianten ist allerdings eines zu beachten: Karamellbonbons sollte man nicht an einem schwülen Tag herstellen, dann werden sie klebrig.

SPICE IT UP!

✱ LEICHT ◔ 5–15 MIN. OHNE TROCKNEN

Mit den richtigen Gewürzmischungen kann man seine Lieblingsgerichte im Handumdrehen mit einer indiviudellen Handschrift versehen. Noch dazu lassen sich die exquisiten Aromaexplosionen in kleinen Gläschen wunderschön verschenken.
Zwiebeln, Knoblauch sowie alle Kräuter und Zitrusschalen werden bei den folgenden Rezepten getrocknet verwendet. Man kann die Zutaten entweder bereits so kaufen oder aber selbst trocknen.

GEWÜRZ-MISCHUNGEN

Alle Zutaten werden getrocknet verwendet

Salatkräuter
1 EL Estragon*
je 1 TL Liebstöckel, Basilikum, Bärlauch und Dill*
½ TL Thymian*
1 TL rosa Pfefferbeeren

1 Alle Zutaten mischen und in einem kleinen Glas luftdicht verschlossen aufbewahren.

*Kräuter trocknen
Kräuter müssen gewaschen und gründlich mit Küchenpapier getrocknet werden. Anschließend können sie in kleinen Sträußen oder luftig auf Papier ausgelegt an einem warmen, dunklen Ort getrocknet und dann nach Belieben zerkleinert werden. Siehe auch S. 186.

Für je 4–5 EL

Ofengemüse
1 TL Zwiebel*
½ TL Knoblauch*
je 1 TL Thymian und Rosmarin*
2 TL Paprikapulver
je 2 TL Basilikum, Majoran und Oregano*
1 TL Meersalz
½ TL rosa Pfefferbeeren

1 Zwiebel und Knoblauch im Mörser oder in einer Kaffeemühle fein mahlen. Mit allen weiteren Zutaten mischen. Die Mischung in einem kleinen Glas luftdicht aufbewahren.

*Zwiebeln und Knoblauch trocknen
Zwiebeln und Knoblauch schälen und fein hacken. In einer einzelnen Schicht auf einem mit Backpapier belegten Blech verteilen. Bei 80 °C (Umluft) 2–3 Std. im Ofen trocknen. Zwischendurch wenden und immer wieder die Backofentür öffnen, damit die Feuchtigkeit entweichen kann.

1 Die Mandelblättchen in einer Pfanne ohne Fett goldbraun anrösten. Vom Herd nehmen. Den Zucker in ein Schälchen geben. Zitronen- und Orangenabrieb und das Vanillemark zufügen und mit den Fingerspitzen in den Zucker reiben.

2 Alle weiteren Zutaten unter den Zucker mischen, in einem kleinen Glas luftdicht aufbewahren.

Würziger Winterzucker
2 TL Mandelblättchen
2 EL brauner Zucker
2 TL Bio-Zitronenabrieb*
4 TL Bio-Orangenabrieb*
1 Vanilleschote, Mark ausgekratzt
1 TL Zimt
je 1 Msp. Anis, Ingwer, Pfeffer und Kardamom
1 Prise Gewürznelken
1 Prise Salz

1 Pistazien fein hacken. Pfefferkörner und Kreuzkümmelsamen in einer Pfanne ohne Fett kurz rösten. Mit Zitrusabrieb, Salz, Dattelsüße, Zwiebel, Knoblauch und Zimt in einem Mörser oder in einer Kaffeemühle mahlen.

2 Alles mit Minze und Petersilie mischen und in einem kleinen Glas luftdicht aufbewahren.

*Zitrusfrüchte trocknen
Zitrusfrüchte schälen, ohne die weiße, bittere Haut abzunehmen. Schalen auf die Heizung legen und bei niedriger Temperatur einige Stunden trocknen lassen. Dann nach Belieben hacken.

Couscous-Gewürz
10 Pistazienkerne
4 schwarze Pfefferkörner
½ TL Kreuzkümmelsamen
2 TL Bio-Zitronenabrieb*
2 TL Bio-Orangenabrieb*
1 TL Meersalz
1 TL Dattelsüße (alternativ Vollrohrzucker)
½ TL Zwiebel*
½ TL Knoblauch*
1 Msp. Zimt
1 EL Minze*
1 EL Petersilie*

TOLLE KNOLLE

✱ LEICHT ◔ CA. 60 MIN.

Hier kommt es, das Rezept für die Herstellung der magischen Geheimzutat: Knoblauch-Confit! Wer das Aroma von Knoblauch mag, aber nicht dessen Schärfe, wird dieses Rezept lieben. Viele pralle Knoblauchzehen werden bei niedriger Temperatur in Öl gegart, bis sie butterweich werden. Das Ergebnis sind mild-aromatische Wonneproppen, die selbst die schlichteste Tomatensauce strahlen lassen, und als Nebenprodukt entsteht ein herrliches Knoblauchöl. Wer kann da widerstehen?

KNOB-LAUCH-CONFIT

Für 1 Glas à 250 ml
2 Knoblauchknollen
200 ml Öl (z. B. Olivenöl oder Rapsöl)

Außerdem:
Thermometer

1 Die Knoblauchzehen vereinzeln. In kochendem Wasser 20 Sek. blanchieren. Abgießen und kalt abschrecken. Die harten Ende abschneiden und die Zehen schälen.

2 Auf einem Geschirrtuch gut abtrocknen und beschädigte Knoblauchzehen aussortieren.

3 Die Zehen in einen kleinen Topf geben und mit Öl bedecken. Das Öl auf niedrigster Stufe erhitzen. Es sollte 80 °C nicht übersteigen, bestenfalls mit einem Küchenthermometer überprüfen. Den Knoblauch in ca. 45 Min. garen.

4 Vom Herd nehmen und zusammen mit dem Öl in ein sterilisiertes Schraubglas füllen. Wenn die Zehen immer mit Öl bedeckt bleiben, ist das Confit im Kühlschrank monatelang haltbar.

Pro EL (20 g):
54 kcal, 3 g F, 5 g KH, 0 g B, 1 g E

TIPP Besonders aromatisch ist frischer Knoblauch, man kann aber auch getrockneten verwenden. Die Temperatur des Öls sollte 80 °C nicht übersteigen, daher empfiehlt sich die Verwendung eines Küchenthermometers.
Die auf diese Weise haltbar gemachten Knoblauchzehen können sehr gut eingefroren werden. Dafür gibt man sie am besten erst einmal in einen Eiswürfelbehälter und füllt das so portionierte Confit später in eine gefriergeeignete Dose um.

EAT EAST!

✱✱ MITTEL ◔ 20–30 MIN.

Currypasten vorrätig zu haben ist herrlich, denn mit etwas Kokosmilch verwandeln sie jedes Gemüse, ob solo oder mit Tofu, Geflügel oder Fisch in eine unendlich aromatische Mahlzeit. Einfach einige Teelöffel davon untermischen, fertig!
Die vielseitige indische Currypaste passt sehr gut zu Gemüse und Garnelen, macht aus roten Linsen im Nu ein wunderbar wärmendes Dal und verleiht Tomatensuppe einen völlig neuen Charakter. Im Kühlschrank halten sich die Pasten mehrere Wochen.

GRÜNE THAI-CURRYPASTE

Für 4 Portionen
5 grüne Chilischoten
3 kleine grüne Thai-Chilischoten
5 Schalotten
3 Knoblauchzehen
1 Stängel Zitronengras
2 Kaffirlimettenblätter
1 Stück (ca. 2 cm) Galgant (alternativ Ingwer)
½ Bd. Koriander
je ½ TL Koriandersamen
½ TL Kreuzkümmelsamen
80 ml Kokosöl
2 TL Salz
1 EL Fischsauce (optional)

TIPP

Wer es weniger scharf mag, lässt die kleinen Thai-Chilis weg.

1 Die Chilischoten entkernen. Schalotten und Knoblauch schälen und grob hacken. Die äußeren Blätter vom Zitronengras entfernen. Den hellen Teil in feine Ringe schneiden, den oberen hartfaserigen Teil nicht verwenden (er kann zum Aromatisieren von Suppen oder für Tee benutzt werden). Die Mittelrispen der Limettenblätter entfernen. Galgant schälen und grob hacken, den Koriander ebenfalls grob hacken. Die vorbereiteten Zutaten mit 125 ml Wasser in einem Mixer cremig pürieren.

2 Koriander- und Kreuzkümmelsamen in einer kleinen Pfanne ohne Fett rösten. In einem Mörser fein zerstoßen und zur Masse in den Mixer geben, kurz durchmixen.

3 Kokosöl in einer Pfanne erhitzen und die Paste darin anbraten, bis sie duftet. Mit Salz und optional mit Fischsauce abschmecken. Die Paste braten, bis die gewünschte Konsistenz erreicht ist. In ein sauberes Schraubglas füllen, abkühlen lassen und im Kühlschrank aufbewahren.

Pro EL (20 g):
54 kcal, 3 g F, 5 g KH, 0 g B, 1 g E

ROTE THAI-CURRYPASTE

Für 4 Portionen
20 g getrocknete rote Chilischoten
3 Schalotten
4 Knoblauchzehen
1 Stück (ca. 3 cm) Galgant (alternativ Ingwer)
2 Stängel Zitronengras
2 TL Koriandersamen
1 TL Kreuzkümmelsamen
½ TL weiße Pfefferkörner
1½ TL Meersalz
5 Korianderwurzeln (alternativ Korianderstiele)
Abrieb von 1 Bio-Limette
2 TL Garnelenpaste (optional)
1 TL Kokosöl

1 Die Chilischoten halbieren, die Samen entfernen und die Schoten mind. 30 Min. in lauwarmem Wasser einweichen.

2 Schalotten, Knoblauch und Galgant schälen und grob hacken. Die äußeren Blätter vom Zitronengras entfernen. Den hellen Teil in feine Ringe schneiden, den oberen hartfaserigen Teil nicht verwenden.

3 Galgant und Zitronengras in einer Pfanne ohne Fett kurz rösten, vom Herd nehmen. Koriander- und Kreuzkümmelsamen sowie Pfefferkörner ebenfalls rösten, bis sie duften. Die Chilischoten abtropfen lassen und mit dem Salz in einem Mörser zerstoßen.

4 Nun alle Zutaten nach und nach zugeben und zu einer cremigen Paste zerstampfen. In ein sauberes Glas füllen und im Kühlschrank aufbewahren.

Pro EL (20 g):
65 kcal, 4 g F, 5 g KH, 0 g B, 1 g E

GELBE INDISCHE CURRYPASTE

Für 4 Portionen
2 Schalotten
3 Knoblauchzehen
1 Stück (ca. 3 cm) Ingwer
1 grüne Chilischote
Je 1 EL Kreuzkümmelsamen, Koriandersamen und getrocknete Curryblätter
2 Kardamomkapseln
½ TL Bockshornkleesamen
1 Gewürznelke
1 TL Meersalz
1 EL Kurkuma
½ TL Zimt
150 ml passierte Tomaten
1 EL Tomatenmark
1 EL Öl

1 Schalotten, Knoblauch und Ingwer schälen und grob hacken. Die Chilischote halbieren und entkernen.

2 Kreuzkümmel, Koriander, Curryblätter, Kardamom, Bockshornklee und die Nelke in einer Pfanne ohne Fett anrösten, bis es schön duftet. In einem Mörser fein zerstoßen.

3 Alle Zutaten in einen Mixer geben und zu einer cremigen Paste pürieren. In ein sauberes Glas füllen und im Kühlschrank aufbewahren.

Pro Portion:
87 kcal, 4 g E, 7 g KH, 2 g B, 2 g E

SONNE IM GLAS

✱ LEICHT **◔ 20–30 MIN.**

Salzzitronen sind eine sehr beliebte Zutat in der marokkanischen Küche. Sie werden, wie der Name schon andeutet, mithilfe von Salz konserviert.

Verwendet werden in erster Linie die Schalen, die durch die Fermentation sehr weich geworden sind. Traditionell werden mit ihnen Schmortöpfe gewürzt. Die Schale der Salzzitronen schmeckt aber auch sehr gut zu Salaten, in Fisch- und Reisgerichten oder auch in reichhaltigen Kuchen, denen sie eine frische Note verleiht.

SALZ-ZITRONEN

Für 1 Glas à 1 l

10 Bio-Zitronen
250 g grobes Meersalz
1 Zimtstange
5 schwarze Pfefferkörner
1 EL Fenchelsamen

Außerdem:

1 sterilisiertes Schraubglas à 1 l

1 Alle Utensilien gründlich säubern. 4 Zitronen auspressen und 150 ml Saft abmessen. Die übrigen Zitronen heiß abwaschen und von einem Ende längs kreuzweise einschneiden, sodass sie am anderen Ende noch zusammenhängen.

2 Die eingeschnittenen Früchte mit je 1 TL Salz füllen und gut zusammendrücken.

3 Die gefüllten Zitronen, das restliche Salz und die Gewürze in das vorbereitete Glas schichten. Sie dürfen gequetscht werden, denn es sollte möglichst wenig Luft zwischen den Früchten sein! Den Zitronensaft zugießen und das Glas mit Wasser auffüllen.

4 Das Glas gut verschließen und die Zitronen mind. 4 (besser 8) Wochen ziehen lassen. In der Zeit einmal täglich auf den Kopf drehen und leicht schütteln, das ist sehr wichtig, um Schimmelbefall zu verhindern. Die Zitronen müssen immer von Flüssigkeit bedeckt sein, nur so sind sie lange haltbar. Man kann sie alternativ mithilfe eines kleinen sterilisierten Glasdeckels oder Ähnlichem beschweren.

Die Zitronen vor der Weiterverwendung gründlich abspülen, sie sind sonst zu salzig.

Pro Stück:
27 kcal, 0 g F, 2 g KH, 1 g B, 1 g E

TIPP Die Zitronen können auch einfach nur in Salzwasser eingelegt werden, die angegebenen Gewürze sind optional. Wenn die Zitronen nur für herzhafte Gerichte verwendet werden, kann man zusätzlich getrocknete Chilischoten, Koriandersamen, Senfkörner, Lorbeerblätter oder auch Knoblauchzehen zufügen.

SNACK IT!

✱ LEICHT   ◔ CA. 30 MIN.

Ob Bürohengst oder Ausflügler, Schulkind oder Sportskanone: Wir alle brauchen manchmal einen Happs, der schnell aus der Tasche gezaubert ist und Power gibt. Dieser Müsliriegel steckt voller knackiger Nüsse und Kerne, verwöhnt uns mit Kokosöl und leckerem Ahornsirup und schenkt uns die nötige Portion Energie. Nimm das, Nachmittagstief!

MÜSLI-RIEGEL

Für 12 kleine Riegel
85 g Nussmus nach Wahl
70 ml Ahornsirup
1 EL Kokosöl
1 Vanilleschote, Mark ausgekratzt
1 TL Zimt
1 Prise Meersalz
40 g gemischte Nüsse, Kerne und Samen
125 g kernige Haferflocken
30 g Mandelblättchen
4 EL gepuffter Amaranth
2 EL Chiasamen
50 g Trockenfrüchte

Gebackene Variante:

1 Den Backofen auf 165 °C (Ober-/Unterhitze) vorheizen. Eine kleine Backform (ca. 20 x 30 cm) mit Backpapier auskleiden. Das Nussmus mit Ahornsirup, Kokosöl, ausgekratztem Vanillemark, Zimt und Salz in einem kleinen Topf unter Rühren leicht erwärmen, bis sich die Zutaten verbinden. Vom Herd nehmen.

2 Die restlichen Zutaten in einer Schüssel vermischen. Die Nuss-Sirup-Masse zugeben und alles gründlich vermischen.

3 Sehr fest in die Backform pressen. In ca. 15 Min. goldbraun backen. Herausnehmen und vollständig auskühlen lassen.

4 In kleine Riegel oder auch Würfel schneiden und in einer Dose aufbewahren.

Ungebackene Variante:

1 Eine kleine Backform (20 x 30 cm) mit Backpapier auskleiden. Das Nussmus mit Ahornsirup, Kokosöl, ausgekratztem Vanillemark, Zimt und Salz in einem kleinen Topf unter Rühren leicht erwärmen, bis sich die Zutaten verbinden. Vom Herd nehmen.

2 Die Nüsse, Kerne und Samen mit den Haferflocken und den Mandelblättchen in einer großen Pfanne ohne Fett anrösten. Vollständig abkühlen lassen. Mit den restlichen Zutaten und der Nuss-Sirup-Mischung in eine Schüssel geben und gründlich vermengen. Sehr fest in die Backform pressen.

3 Mit Folie abdecken und im Kühlschrank über Nacht fest werden lassen. In kleine Riegel schneiden und im Kühlschrank aufbewahren.

Pro Riegel:
178 kcal, 10 g F, 16 g KH, 3 g B, 4 g E

TIPP Keine Angst vor Experimenten! Statt Ahornsirup kann auch Honig, Reis-, Dattel- oder Kokosblütensirup verwendet werden, statt Amaranth auch gerne Quinoa. Nüsse, Kerne und Samen können nach Belieben gemischt werden. Hierfür eignen sich Mandeln, Haselnuss-, Pekannuss, Cashew-, Sonnenblumen- und Kürbiskerne, Sesam- und Hanfsamen. Als Trockenfrüchte stehen Rosinen, Gojibeeren, Cranberrys sowie gehackte Aprikosen, Feigen, Datteln, Apfelringe und Pflaumen zur Auswahl.

DIE NEUESTE SCHOTE

✳ LEICHT ◔ CA. 15 MIN. + 5 TAGE FERMENTATION

Sriracha ist die thailändische Antwort auf Tabasco, eine würzige Chilisauce, die vom Avocado-Toast bis zur Suppe nahezu jedem Gericht auf die Sprünge hilft. Sie wird fermentiert, was in ihrem Fall einfach bedeutet, dass man sie 5 Tage in den Schrank stellt und anschließend wahlweise roh lässt oder vor der Weiterverwendung kocht. Das Kochen hat den Nachteil, dass ein Teil der durch die Fermentation entstandenen wertvollen Enzyme und Bakterien verloren geht. Dafür bekommt die Chilisauce durch das Erhitzen eine sämigere Konsistenz und hält sich länger. Der Selbermacher entscheidet selbst.

SRIRACHA

Für 150–200 ml
300 g rote Chilischoten
(z. B. rote Jalapeños)
25 g Knoblauch, geschält
1½ EL brauner Zucker
1½ TL Meersalz
60 ml Reisessig

Außerdem:
Blitzhacker oder Pürierstab
sterilisiertes Glas
feines Sieb
Trichter
sterilisierte Flasche

1 Die Stiele der Chilischoten entfernen, den grünen Ansatz an der Schote lassen (nach Belieben können die Chilis auch komplett entkernt werden, das macht sie deutlich milder).

2 Die Chilischoten mit Knoblauch, Zucker, Salz und 40 ml Wasser in einem Blitzhacker sehr fein pürieren. In das Glas füllen, den Deckel nur leicht zudrehen, nicht fest verschließen, damit bei der Fermentation entstehende Gase entweichen können! An einem dunklen Ort, z. B. im Küchenschrank, 5 Tage ruhen lassen. Jeden Tag mit einem Löffel einmal durchrühren. Anschließend den Reisessig unterrühren.

3A Für die rohe Variante die Chilimasse durch ein feines Sieb passieren und in eine Flasche füllen. Die Chilireste dabei so gründlich wie möglich ausdrücken. Die rohe Sriracha hält sich im Kühlschrank mehrere Wochen.

3B Für die gekochte Variante die Chilimasse ebenfalls durch ein feines Sieb, aber direkt in einen kleinen Topf passieren. Die Chilireste dabei so gründlich wie möglich ausdrücken.

Die Sauce 5–10 Min. bei mittlerer Hitze einkochen, anschließend in eine Flasche füllen, sie hält sich (ungeöffnet) bis zu einem Jahr.

Pro EL:
15 kcal, 0 g F, 3 g KH, 0 g B, 0 g E

TIPP Wer es fruchtig mag, ersetzt den Essig durch Ananassaft. Die ausgedrückten Chilireste sind übrigens ein schönes Würzmittel und müssen nicht weggeworfen werden. Man kann sie entweder in einem Teebeutel mitkochen (z. B. im Chili con Carne) oder man trocknet sie ca. 2 Std. bei 80 °C (Umluft) im Backofen. Zwischendurch immer mal die Backofentür öffnen, damit die Feuchtigkeit entweichen kann. (Vorsicht! Die Dämpfe können in den Augen brennen!) Die vollständig getrockneten Chilis in einem Gläschen aufbewahren und nach Belieben zum Verfeinern verwenden.

EIN WINZIGES SCHLÜCKCHEN

✱ LEICHT   ◔ 15–30 MIN. (+ 10 TAGE)

Zum Experimentieren mit Lebensmitteln gehört es irgendwie dazu, eigenen Likör anzusetzen. Hier vorgestellt sind ein dunkler, herbsüßer Kaffeelikör als Vertreter der kühlen Jahreszeit und ein strahlendgelber Zitronenlikör, der uns schnurstracks in den Sommer unter die sizilianische Sonne schickt.

LIMONCELLO

Für ca. 1 l
10 Bio-Zitronen
750 ml Wodka
250 g Rohrohrzucker

Außerdem:
2 sterilisierte Flaschen
Trichter
Sieb

1 Die Schale von allen Zitronen ohne die weiße Haut dünn abschneiden.

2 Mit dem Wodka in eine Flasche mit großer Öffnung füllen, verschließen und 4 Wochen durchziehen lassen. Einmal täglich schütteln.

3 Den Wodka durch ein feines Sieb in eine Flasche gießen und die Zitronenschalen sehr gut ausdrücken.

4 Den Zucker mit 350 ml Wasser in einen Topf geben und bei mittlerer Hitze aufkochen. Abkühlen lassen und zum Wodka in die Flasche gießen. Den Limoncello im Gefrierfach aufbewahren und eiskalt genießen. Er hält sich auf diese Weise ca. 6 Monate.

Pro 2 cl:
54 kcal, 0 g F, 5 g KH, 0 g B, 0 g E

KAFFEE-LIKÖR

Für ca. 700 ml
125 g brauner Zucker
1 Vanilleschote
4 EL fein gemahlenes Kaffeepulver
300 ml weißer Rum

Außerdem:
2 sterilisierte Flaschen
Trichter
Kaffeefilter

1 Den Zucker mit 200 ml Wasser in einen Topf geben und bei mittlerer Hitze ca. 10 Min. einkochen. Vom Herd nehmen.

2 Die Vanilleschote längs aufschneiden und das Mark auskratzen. Die Schote, das Mark, Kaffeepulver und 200 ml Wasser in einem zweiten Topf aufkochen. Den Sirup zugießen und unterrühren. Vom Herd nehmen und abkühlen lassen.

3 Den Kaffeesirup zusammen mit dem Rum in eine Flasche füllen, verschließen und 10 Tage durchziehen lassen. Einmal täglich schütteln. Anschließend durch einen Kaffeefilter in eine zweite Flasche füllen. Dunkel und kühl gelagert hält sich der Kaffeelikör theoretisch mehrere Monate, allerdings kann sich der Geschmack verändern, daher empfiehlt es sich, ihn innerhalb von 4 Wochen aufzubrauchen.

Pro 2 cl:
34 kcal, 0 g F, 3 g KH, 0 g B, 0 g E

SCHÖNES
WOCHEN-
ENDE

DAS BACKST DU

✱✱ MITTEL ◷ 3–4 TAGE (SAUERTEIGANSATZ) + CA. 30 MIN. + 9,5 STD. RUHEZEIT + 1 STD. BACKZEIT

Das hier vorgestellte Brot aus Roggenvollkorn- und Weizenmehl sucht sich einen Platz inmitten seiner wunderbaren Kollegen. Es ist kein Expressbrot, hier geht es darum, sich Zeit zu nehmen. Es ist aber auch keine empfindliche Diva, und mit etwas Selbstvertrauen gelingt es auch unerfahreneren Brotbäckern.

Der Sauerteig nimmt eine entscheidende Rolle ein: Er lockert das Brot, macht es saftig, aromatisch und bekömmlich. Der Zusatz von etwas frischer Hefe sichert den Erfolg. Experimentierfreudige können die Hefe auch weglassen, müssen dann aber den Teig vor dem Backen statt 1 Std. mind. 6 Std. gehen lassen, außerdem wird das Brot deutlich fester.

SAUER-TEIG

250 g Roggenmehl (Type 1050), Dinkelvollkorn- oder Weizenmehl (Type 1150, 550 oder 1050)

1 Das Herstellen von Sauerteigansatz (der Fachmann spricht von Anstellgut) nimmt ca. 5 Tage in Anspruch, wobei es sich hauptsächlich um Wartezeit handelt. Am 1. Tag 50 g Mehl mit 50 ml Wasser in einem Glas gründlich verrühren. Mit einem Tuch abdecken und dieses mit einem Gummiring fixieren (nicht luftdicht verschließen!). Das Glas bei Zimmertemperatur (20–30 °C) an einen Ort stellen, wo keine andere Kultur (z. B. Kombucha, Sauerkraut etc.), Obst (Schimmelgefahr) oder Blumen aufbewahrt werden, und 24 Std. ruhen lassen.

2 Den Sauerteigansatz an den folgenden 2–4 Tagen mit jeweils 50 g Mehl und 50 ml Wasser vermengen („füttern"), bis sich Bläschen entwickelt haben und sich der Ansatz deutlich vergrößert hat. Nach jeder Zugabe 24 Std. ruhen lassen.

3 Hat sich der Ansatz schon deutlich vergrößert, die Hälfte entsorgen. Den verbliebenen Ansatz mit 100 g Mehl und 100 ml Wasser füttern und 8–12 Std. reifen lassen. Er ist nun einsatzbereit. Sauerteig sollte immer „hungrig" verwendet werden.

4 Um ihn am Leben zu erhalten, muss der Ansatz regelmäßig gefüttert werden. Bei Zimmertemperatur sollte das jeden Tag passieren, er kann aber auch im Kühlschrank gelagert werden und muss dann nur einmal pro Woche Mehl und Wasser bekommen. Damit der Sauerteig immer stärker wird, aber nicht irgendwann alle Küchenregale einnimmt, entsorgt man vor jeder Fütterung einige Esslöffel des Ansatzes. Dadurch verdichtet sich der Anteil der wilden Hefen. Soll ein neues Brot gebacken werden, entnimmt man eine kleine Portion, füttert diese einmal mit Mehl und Wasser und wartet, bis der Sauerteig zum Einsatz bereit ist und fröhlich blubbert.

TIPP Dem Teig können zusätzlich gegen Ende der Knetzeit Nüsse, Kerne, Kräuter, Samen oder ungeschwefelte Trockenfrüchte zugegeben werden. Außerdem kann man die Oberfläche vor dem Backen leicht befeuchten und mit Kernen bestreuen.

SAUER-TEIG-BROT

75 g Sauerteigansatz
300 g Roggenvollkornmehl
250 g Weizenmehl (Type 550) + etwas für die Arbeitsfläche
2 TL Meersalz
20 g Frischhefe
1½ EL Zuckerrübensirup

Außerdem:
Gärkörbchen
ca. 6 Eiswürfel

1 Den Sauerteigansatz mit 150 g Roggenvollkornmehl und 200 ml lauwarmem Wasser verrühren. Abgedeckt bei Zimmertemperatur 8 Std. reifen lassen.

2 In einer Schüssel die restlichen 150 g Roggenmehl mit Weizenmehl und Salz verrühren. Die Hefe in 150 ml lauwarmem Wasser auflösen. Den Sirup unterrühren. Den Sauerteig und die Hefe zur Mehlmischung geben. Alles entweder in der Küchenmaschine, mit den Knethaken des Handmixers oder mit den Händen 10 Min. kneten. Der Teig wird aufgrund des Roggenmehls recht klebrig bleiben. 30 Min. bei Zimmertemperatur ruhen lassen.

3 Den Teig auf die leicht bemehlte Arbeitsfläche geben und rundwirken, also zu einer Kugel formen. Dafür mit den Handkanten die Teigseiten behutsam unter das Brot stülpen, sodass die Oberfläche an Spannung gewinnt. Den Teig entweder mit der Nahtseite nach oben in ein bemehltes Gärkörbchen oder mit der Naht nach unten auf ein Backblech legen und 1 Std. an einem warmen Ort gehen lassen. (Falls keine Hefe verwendet wird, muss der Teig stattdessen vor dem Backen mind. 6 Std. und nach dem Stürzen 30 Min. gehen). Falls ein Gärkörbchen benutzt wird, den Teig nach dem Gehen auf ein Backblech stürzen.

4 Die Oberfläche des Teiges leicht bemehlen und mit einem scharfen Messer einschneiden. Den Backofen auf 220 °C (Ober-/Unterhitze) vorheizen und ein zweites Blech auf der unteren Schiene miterhitzen. Das Brot zwischenzeitlich ruhen lassen.

5 Den Teig in den Backofen schieben und gleichzeitig die Eiswürfel auf das vorgeheizte untere Blech geben, der Dampf sorgt für eine knusprige Kruste. Die Backofentür schnell schließen.

6 Das Brot insgesamt 1 Std. backen. Nach 20 Min. die Temperatur auf 190 °C reduzieren. Es ist fertig, wenn es beim Klopfen auf die Unterseite hohl klingt. Vor dem Anschneiden vollständig abkühlen lassen.

Pro Scheibe (bei 20):
108 kcal, 0 g F, 21 g KH, 3 g B, 3 g E

EINFACH MAL RUMNUDELN

✱ LEICHT ◔ CA. 40 MIN. + 30 MIN. RUHEZEIT

Viele Wege führen zur Pasta, ob ganz klassisch mit Ei oder lieber ohne, gefärbt, gefüllt oder pur. Allen Varianten gemeinsam ist ganz sicher eines: Sobald die dampfende Pracht auf dem Tisch steht, stellt sich allseits tiefe Zufriedenheit ein.
Den Teig herzustellen ist unkompliziert und erfordert nur ein Minimum an Zutaten. Die Verarbeitung mit einer Nudelmaschine ist ebenfalls ein Kinderspiel. Wer diese nicht sein Eigen nennt, muss trotzdem nicht auf frischen Pastateig verzichten. Einfach die Ärmel hochkrempeln und geduldig, aber entschlossen durchhalten. Zur Belohnung gibt es dann ein paar Muskeln extra.
Zu guter Letzt: Gönne deiner liebevoll hergestellten Pasta im Topf viel Platz und viel sprudelnd kochendes, großzügig gesalzenes Wasser!

FRISCHE PASTA

Für 1 Portion

Klassisch mit Ei
100 g Mehl (Type 00)
1 Ei

430 kcal, 6 g F, 73 g KH, 3 g B, 17 g E

Mit Ei und Hartweizengrieß (etwas bissfester):
60 g Mehl (Type 550)
40 g gemahlener Hartweizengrieß (Semola di Grano Duro)
1 Ei
1 TL Olivenöl

454 kcal, 9 g F, 72 g KH, 4 g B, 17 g E

Außerdem:
gemahlener Hartweizengrieß zum Verarbeiten

1 Beide Nudelteige werden auf die gleiche Art hergestellt: Mehl und ggf. den Grieß auf die Arbeitsfläche häufen. In die Mitte eine Mulde drücken und die feuchten Zutaten hineingeben. Zunächst mit einer Gabel von der Mitte aus verrühren. Schließlich mit den Händen so lange zu einem homogenen Teig kneten, bis er elastisch wird und seidig glänzt. Das kann durchaus 10 Min. dauern. In Frischhaltefolie gewickelt bei Zimmertemperatur 30 Min. ruhen lassen.

2A Verarbeitung mit der Maschine: Etwas Teig entnehmen, den Rest wieder einwickeln, damit er nicht austrocknet. Den entnommenen Teig etwas flach drücken und auf der ersten Stufe durch die Nudelmaschine drehen.

3A Den Teig falten, erneut durch die Maschine drehen. Diesen Schritt ein weiteres Mal wiederholen. Zwischendurch den Teig immer wieder mit Grieß bestäuben. Anschließend nach jedem Schritt die Maschine eine Zahl weiterdrehen. Für Tagliatelle, Spaghetti oder Lasagneblätter bis Stufe 5 oder 6 walzen, für gefüllte Pasta bis Stufe 7.

4A Den Teig noch einmal gründlich mit Hartweißengrieß bestäuben, bevor er mit dem entsprechenden Aufsatz geschnitten wird, sonst kleben die fertigen Nudeln zu schnell aneinander. Leicht eindrehen und auf ein mit Hartweizengrieß bestreutes Brett geben.

2B Verarbeitung von Hand
Eine kleine Portion Teig entnehmen, den Rest wieder in Folie wickeln. Auf einer leicht bemehlten Arbeitsfläche von der Mitte her mit einem Nudelholz ausrollen. Ähnlich wie bei der Verarbeitung mit der Nudelmaschine den Teig falten, ausrollen und diesen Vorgang wiederholen.

3B Den Teig zu einem Rechteck von 1–2 mm Dicke ausrollen. Dabei zügig arbeiten, damit der Teig nicht austrocknet. Für Bandnudeln den Teig mit Grieß bestäuben und vom kürzeren Ende her mehrmals alle 10 cm einschlagen, sodass ein längliches Rechteck aus mehreren Teiglagen entsteht.

Mit einem sehr scharfen Messer quer in 5–15 mm breite Streifen schneiden. Die Teigschnecken auflockern und die Pasta auf ein mit Grieß bestäubtes Blech legen.

5 Die fertige Pasta gleich in reichlich gesalzenem, sprudelnd kochendem Wasser in ca. 2 Min. bissfest garen. Alternativ bis zu 2 Tage im Kühlschrank lagern oder einfrieren.

TIPP

Pastateig kann mit Gemüsepüree prima eingefärbt werden. Die Menge der übrigen feuchten Zutaten muss dann reduziert oder die Menge an Mehl erhöht werden, damit der Teig nicht klebrig wird.

Für grüne Pasta etwas blanchierten Spinat mitverarbeiten, für rote Pasta eignen sich eingeweichte getrocknete Tomaten oder gegarte Rote Bete. Orange wird die Pasta mit gegartem Kürbis oder Möhre.

SOMMER, SONNE, TOMATENZEIT

✳ LEICHT **◔ CA. 2 STD.**

Ketchup ist ein Klassiker. Er wird von Klein und Groß geliebt, kein Grillfest kommt ohne ihn aus, und Fritten sähen ohne ihren ferrariroten Begleiter recht blass aus. Natürlich kann man schnell ins Supermarktregal greifen, aber dann landet in erster Linie eine beachtliche Zuckermenge im Korb und später auf dem Teller. Selbermacher sind hier klar im Vorteil und verwandeln die aromatischen, am Strauch gereiften „Paradiesäpfel" in knallroten Super-Ketchup!

KETCHUP

Für 1 Flasche à 600 ml:
1 kg Tomaten
1 Schalotte
1 Knoblauchzehe
1 Stück Ingwer (ca. 1 cm)
2 EL Olivenöl
2 EL Tomatenmark
ca. 20 g brauner Zucker
ca. 25 ml Rotweinessig
1 Streifen Zitronenschale (ohne die bittere weiße Haut)
ca. 1 TL Salz
1 TL Paprikapulver, edelsüß
½ TL Koriandersamen
½ TL Pfefferkörner
2 Pimentkörner
1 Lorbeerblatt
1 Gewürznelke
½ Zimtstange

Außerdem:
feines Sieb oder Flotte Lotte
sterilisierte Flasche

1 Die Tomaten in grobe Stücke schneiden, dabei den Stielansatz entfernen. Die Schalotte, den Knoblauch und den Ingwer schälen und fein hacken.

2 Das Öl in einem Topf erhitzen und die Schalotte darin bei niedriger Hitze unter Rühren andünsten. Den Knoblauch und den Ingwer zugeben und 1 Min. mitdünsten. Die Temperatur leicht erhöhen, das Tomatenmark einrühren und kurz mitbraten. Die Tomaten mit den restlichen Zutaten zufügen und alles zum Kochen bringen. Bei niedriger Temperatur abgedeckt 1 Std. köcheln lassen.

3 Vom Herd nehmen und die Masse durch ein feines Sieb direkt in einen sauberen Topf streichen oder mithilfe einer Flotten Lotte passieren. Weitere 30 Min. einkochen, bis die gewünschte Konsistenz erreicht ist (der Ketchup dickt beim Erkalten noch nach). Mit Zucker, Essig und Salz abschmecken.

4 Kochend heiß in eine sterilisierte Flasche füllen. Abkühlen lassen und im Kühlschrank aufbewahren. Der Ketchup hält sich ungeöffnet ca.

6 Monate. Nach Anbruch sollte er in 7–10 Tagen verbraucht werden.

Pro EL:
14 kcal, 1 g F, 1 g KH, 0 g B, 0 g E

TIPP Wer mag, würzt zusätzlich mit Stangensellerie (klein würfeln und mit der Schalotte andünsten) oder sorgt mit mehr Knoblauch, Chili oder Ingwer für Feurigkeit. Wenn's besonders fruchtig werden soll, kann ca. ¼ der Tomaten durch Erdbeeren, Cranberrys oder Ananas ersetzt werden.

LA MIA PIZZERIA

✱✱ MITTEL ◔ 25 MIN. + 1 STD. RUHEZEIT

Manchmal muss es einfach schnell gehen: Zack, die Pizza in den Ofen und der Abend ist gerettet. Herrlich! Das heißt aber noch lange nicht, dass es deswegen die Papp-Version aus dem Supermarkt sein muss. Denn im Gefrierfach wartet schon die selbst gemachte TK-Pizza de luxe auf ihren Einsatz.

TIEFKÜHL-PIZZA

Für 4 Pizzen (Ø 30 cm)

Für den Teig:
600 g Weizenmehl +
etwas für die Arbeitsfläche
2 TL Salz
1 TL Zucker
1 Pck. Trockenhefe (7 g)
4 EL Olivenöl

Für den Belag:
400 g passierte Tomaten
1 TL Oregano
1 TL Basilikum
1 TL Salz
125 g Mozzarella

Weitere Zutaten nach Wahl:
geriebener Käse
(z. B. Fontina, Taleggio),
Oliven, Tomaten oder
gegrilltes Gemüse

Außerdem:
Gefrierbeutel oder Frischhalte- und Aluminiumfolie

1 Alle Zutaten für den Teig mit 340 ml lauwarmem Wasser in einer Schüssel vermengen. Auf die Arbeitsfläche geben und 5 Min. zu einem glatten Teig kneten. Zu einer Kugel formen, in eine Schüssel legen und mit Frischhaltefolie abdecken. An einem warmen Ort 1 Std., oder noch besser im Kühlschrank über Nacht, gehen lassen.

2 Ein Blech direkt auf den Backofenboden legen und den Backofen auf 220 °C (Ober-/Unterhitze) vorheizen. Den Teig mit der Faust eindrücken (nicht mehr kneten). Auf einer leicht bemehlten Arbeitsfläche vierteln. Jeweils rund ausrollen. Die Mitte sollte schön dünn und die Ränder ein wenig dicker sein.

3 Die Teigböden jeweils auf ein Blatt Backpapier legen. Nacheinander auf dem sehr heißen Blech auf der untersten Schiene des Backofens ca. 5 Min. backen, bis der Teig aufgeht und trocken, aber nicht gebräunt ist. Aus dem Ofen nehmen und auf einem Rost oder Kuchengitter abkühlen lassen.

4 Die passierten Tomaten mit Oregano, Basilikum und Salz würzen und auf die Pizzaböden streichen. Den Mozzarella in Stücke zupfen oder in dünne Scheiben schneiden und auf der Tomatensauce verteilen. Wer mag, kann die Pizzen entweder jetzt mit weiteren Zutaten belegen oder erst unmittelbar vor dem Backen.

5 Zum Einfrieren die Pizzen am besten in einen großen Gefrierbeutel geben. Wer keinen passenden findet, kann die Pizzen einzeln erst in Frischhalte- und anschließend in Alufolie wickeln. Sie müssen wirklich gut verpackt sein, sonst werden sie schnell labberig. Sie halten sich im Gefrierfach ca. 3 Monate.

6 Zum Backen den Backofen auf 220 °C vorheizen und die unaufgetaute Pizza auf der untersten Schiene in ca. 10 Min. knusprig backen.

Pro Stück (ohne Gemüsebelag):
740 kcal, 20 g F, 112 g KH, 5 g B, 22 g E

MORGENS, 9:30 IN PARIS

✱✱✱ SCHWIERIG ◔ ÜBER 3 TAGE VERTEILT CA. 1,5 STD.

Regel Nr. 1: Wer Croissants backen möchte, muss auf seinen Teig hören. Wenn der sagt, er hat keine Lust mehr, beim Ausrollen also immer wieder zurückspringt, sollte man einfach ein Päuschen machen. Er entspannt sich, wir entspannen uns, und weiter geht's. Man darf Croissant-Teig nicht hetzen.
Regel Nr. 2: Sowohl Bäcker als auch Teig müssen cool bleiben. Der Croissant-Teig und die Butter lagern dafür im Kühlschrank, der Bäcker wählt für seine Aktion einen kühlen Tag, bleibt gemütlich in der Wohnung und stellt sich die Uhr, wann er und sein Teig sich wieder zum Tête-à-Tête in der Küche treffen.

CROIS-SANTS

Für ca. 16 Stück
21 g (½ Würfel) Frischhefe
125 ml Milch
500 g Mehl + etwas extra
20 g weiche Butter, in Flöckchen
60 g Zucker
1½ TL Salz
250 g kalte Butter
1 Ei

1 Die Hefe in Milch auflösen, mit 125 ml lauwarmem Wasser verrühren. Das Mehl in eine Schüssel geben, die Butter mit den Fingerspitzen einarbeiten. Zucker und Salz zugeben, kurz verrühren. Hefe-Milch-Mischung zugießen und alles mit den Händen verkneten, bis gerade so ein glatter Teig entsteht. Leicht bemehlen und zu einem Rechteck flach drücken. In Frischhaltefolie gewickelt über Nacht im Kühlschrank ruhen lassen.

2 Am nächsten Tag die kalte Butter quer halbieren. Die flachen, rechteckigen Scheiben nebeneinander in die Mitte eines Backpapierbogens legen und das Papier so darüberfalten, dass die Butter in einem Päckchen (17 x 17 cm) liegt. So glatt rollen, dass die Butter das Quadrat gleichmäßig ausfüllt. Kühlen.

3 Den Teig auf der leicht bemehlten Arbeitsfläche zu einem großen Quadrat (26 x 26 cm) ausrollen. Die Butter so darauf platzieren, dass die Ecken zu den Seiten des Teiges zeigen. Die Teigecken zur Mitte hin über die Butter legen, sodass wieder ein Quadrat entsteht.

TIPP Croissants lassen sich sehr gut einfrieren. Am Besten lässt man die ungebackenen Hörnchen nach Schritt 7 nebeneinander anfrieren und packt sie später in Gefrierbeutel oder geeignete Gefrierdosen. Bei Bedarf über Nacht im Kühlschrank auftauen und wie beschrieben fortfahren.

4 Nun den Teig ausrollen und falten. Zunächst mit wenig Druck zu einem Rechteck (ca. 20 x 60 cm) ausrollen. (Falls der Teig sich nicht mehr gut ausrollen lässt, in Folie wickeln und 10 Min. im Kühlschrank ruhen lassen. Ansonsten könnte er reißen und die Butter würde austreten.) Das überschüssige Mehl mit einem Pinsel entfernen. Den Teig gedanklich dritteln. Das linke Drittel zur Mitte falten, das rechte Drittel darüber, sodass der Teig in drei Lagen übereinanderliegt. 30 Min. kühlen.

5 Den gefalteten Teig um 90° (also mit einer der offenen Seiten zu sich) drehen. Den Teig wie oben beschrieben erneut ausrollen und falten und weitere 30 Min kühlen. Anschließend den Teig wieder um 90° drehen und nochmals ausrollen und falten. Über Nacht im Kühlschrank ruhen lassen.

6 Den Teig zu einem Rechteck (20 x 110 cm) ausrollen. Die Ränder großzügig mit einem scharfen Messer begradigen), Teigreste aufheben. Das Rechteck in 16 Dreiecke schneiden. Jeweils das breite Ende in der Mitte ca. 2 cm einschneiden.

7 Die Dreiecke mit den Händen sachte etwas lang ziehen. Die kurze Seite leicht auseinanderziehen, einen kleinen Streifen Teigrest quer hineinlegen, dann das Dreieck zu einem Hörnchen rollen. Auf mit Backpapier belegte Bleche geben.

8 Das Ei mit 1 EL Wasser verquirlen und die Croissants damit bestreichen, den Rest beiseitestellen. Dabei möglichst nicht die Schnittkanten verkleben, damit der Teig schön aufblättern kann. Die Croissants 2 Std. bei Zimmertemperatur (nicht zu warm!) gehen lassen.

9 Den Backofen rechtzeitig auf 200 °C (Ober-/Unterhitze) vorheizen. Die Croissants erneut mit der Ei-Wasser-Mischung bestreichen und in ca. 15 Min. im Ofen goldbraun backen. Leicht abkühlen lassen und die Croissants lauwarm genießen.

Pro Stück:
265 kcal, 15 g F, 28 g KH, 1 g B, 4 g E

JETZT GIBT'S WAS AUF DIE NUSS

✳ LEICHT **◔ 20–30 MIN.**

Nussmus ist ohne Zweifel auf dem Frühstücksbrot eine Köstlichkeit, es macht sich darüber hinaus aber auch hervorragend in Gebäck, auf Porridge oder als Zutat in Dips und Smoothies.
Die Herstellung zu Hause erfordert ein wenig Geduld. Der Vorteil von selbst gemachtem Nussmus ist, dass man sich seine eigene Mischung zusammenstellen und das Mus mit Gewürzen aufpeppen kann. Und wer sich die Zeit nimmt, Mandeln oder Nüsse vor ihrer Verarbeitung einzuweichen und so ihre Keimtätigkeit zu aktivieren, erhöht ihren Nährstoffgehalt. Das geht allerdings nicht mit allen Sorten, bei Pistazien, Hanfsamen, Macadamia-, Paranuss-, Pinien- und Cashewkernen sollte auf das vorherige Einweichen verzichtet werden.

NUSSMUS

Für 125 g
125 g Mandeln
(blanchiert oder mit Haut)
oder Nüsse nach Wahl

*Zum Aktivieren
Mandeln oder Nüsse in der doppelten Menge lauwarmem, leicht gesalzenem Wasser (ca. 1 TL Salz/500 ml Wasser) wie folgt einweichen:
Mandeln 8–12 Std.
Cashewkerne: 3 Std.
Haselnuss-, Pekannuss-, Walnuss-, Kürbis- und Sonnenblumenkerne 6–8 Std.
Anschließend abgießen, gründlich spülen und auf einem mit Backpapier ausgelegten Blech bei 50 °C im Ofen trocknen. Das kann je nach Sorte und Einweichzeit 4–12 Std. dauern. Die Nüsse sollten komplett getrocknet werden, sonst können sie schnell anfangen zu schimmeln.

1 Die Mandeln oder Nüsse aktivieren* oder bei 160 °C im Backofen ca. 10 Min. rösten, aufpassen, dass sie nicht zu dunkel und bitter werden. Alternativ einfach roh verwenden. In einen Mixer füllen und zunächst zu Pulver verarbeiten.

2 Anschließend weitermixen, bis langsam Fett austritt und die Kerne vermehrt an den Wänden des Rührgefäßes hängen bleiben. Die Maschine immer wieder anhalten und die Masse zur Mitte streichen. Wenn die Maschine zu heiß wird, ca. 30 Min. pausieren. Es wird insgesamt ca. 20 Min. dauern, bis die Masse schön cremig wird. Durchhalten, es lohnt sich!

3 Das Mus in sterilisierte Schraubgläser füllen. Es muss nicht zwingend im Kühlschrank aufbewahrt werden, ist aber gekühlt deutlich länger haltbar.

Pro TL:
66 kcal, 6 g F, 0 g KH, 1 g B, 1 g E

Wer Lust hat auf Abwechslung, mixt das Nussmuss mit Öl, Trockenfrüchten, Süßungsmitteln und Gewürzen.

Mandel-Kardamom
125 g Mandelmus
2 EL zerlassenes Kokosöl
2 EL Honig
Mark von 1 Vanilleschote
½ TL zerstoßener Kardamom

Cashew-Vanille
125 g Cashewmus
1 EL zerlassenes Kokosöl
2 EL Honig
Mark von 1 Vanilleschote
1 TL Kurkuma

Mandel-Cashew-Ingwer
65 g Cashewmus
60 g Mandelmus
2 EL zerlassenes Kokosöl
1 EL Ahornsirup
½ TL gemahlener Ingwer
¼ TL Zimt
1 Prise frisch geriebene Muskatnuss
1 Prise Meersalz

Macadamia-Cranberry
125 g Macadamiamus
1 EL zerlassenes Kokosöl
3 EL Cranberrys

Mandel-Dattel-Zimt
125 g Mandelmus
4 Medjoul-Datteln, entsteint
¼ TL Bio-Orangenabrieb
1 Prise Meersalz

Pekannuss-Ahorn-Zimt
125 g Pekannussmus
2 EL zerlassenes Kokosöl
2 EL Ahornsirup
½ TL Zimt
1 Prise Meersalz

Paranuss-Rosine
125 g Paranussmus
3 EL Rosinen
½ TL Zimt
1 Prise Anis
1 Prise Meersalz

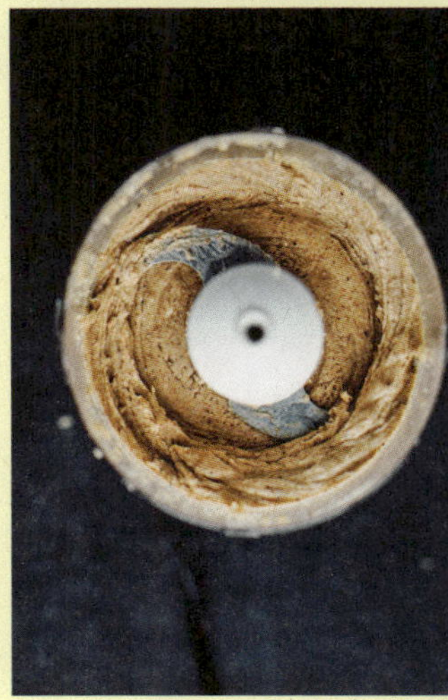

OHNE KUH

✳ LEICHT ◔ CA. 15 MIN.

Getreidemilch ist zwar mittlerweile problemlos erhältlich, es tummeln sich darin aber häufig versteckte Zusätze, auf die man bei der Herstellung zu Hause verzichten kann. Man braucht dafür lediglich das gewünschte Getreide (entweder ganze Körner oder Flocken), einen Stab- oder Standmixer, ein Sieb und ein geeignetes feines Tuch oder einen Wäschebeutel aus der Drogerie. Es gibt im Handel auch spezielle Nussmilchbeutel, deren Anschaffung sich bei regelmäßigem Gebrauch durchaus lohnt. Wichtig ist, dass Tuch oder Beutel sehr sauber, aber nicht mit duftenden Waschmitteln oder Weichspülern behandelt worden sind.

WECK

HAFER- UND DINKEL-DRINK

Für je 1 Flasche à 1 l

aus Körnern
80 g Hafer- oder Dinkelkörner

Aromen nach Wahl:
1 Prise Meersalz
⅛–¼ TL Zitronensaft
ca. ¼ TL Bio-Zitronenabrieb
ca. 1 EL Rosinen
2–4 Datteln
1–2 TL Kokosblütenzucker
1–2 TL Ahornsirup
1–2 EL Kokosraspel
ca. 1 EL Sesamsamen
ca. ¼ TL Vanillemark
ca. ¼ TL Zimt
⅛–¼ TL gemahlener Ingwer
⅛–¼ TL gemahlener Kardamom

1 Die Körner über Nacht in reichlich kaltem Wasser einweichen. Am nächsten Tag abgießen und gut abspülen. Es sollten ca. 100 g eingeweichte Körner sein.

2 Körner mit 500 ml heißem Wasser (ca. 80 °C) in einem hohen Gefäß ca. 2 Min. mixen. Ein Sieb mit einem Tuch auskleiden und über eine Schüssel setzen. Die Getreidemilch hineingießen und die Körnermasse gut ausdrücken.

3 Die im Tuch verbliebene Masse erneut in den Mixbecher füllen, 500 ml Wasser zugießen. Wer die Milch mit Trockenfrüchten süßen oder mit Gewürzen verfeinern möchte, gibt diese nun hinzu. Alles kurz mixen.

4 Durch das Tuch zur ersten Portion gießen und die Körnerreste erneut gut ausdrücken. Die fertige Getreidemilch gut durchmischen und nach Belieben mit Salz und Süßungsmitteln abschmecken. In eine saubere Flasche füllen und im Kühlschrank gut verschlossen aufbewahren. Vor dem Genuss schütteln. Die Getreidemilch ist 3–4 Tage haltbar.

1 Die Getreideflocken mit 1 l heißem Wasser (ca. 80 °C) in einen Standmixer geben oder in ein hohes Gefäß füllen und 1 Min. mit dem Stabmixer mixen. Das Wasser sollte nicht kochen, sonst könnte die Masse breiig werden, aber auch nicht kalt sein, sonst wird die Getreidemilch eventuell zu wässrig.

2 Ein Sieb mit einem Tuch auskleiden und über eine Schüssel setzen. Die Getreidemilch hineingießen und die Flockenmasse mit den Händen gut ausdrücken.

3 Die Milch nach Belieben verfeinern, z. B. mit 1 Prise Salz, 1 Prise Zimt und etwas Zitronenabrieb, gut durchrühren und anschließend in eine saubere Flasche füllen. Im Kühlschrank gut verschlossen aufbewahren.

Die Werte gelten für beide Zubereitungsarten.

Pro 100 ml:
26 kcal, 0 g F, 4 g KH, 1 g B, 1 g E

aus Flocken
70 g Hafer- oder Dinkelflocken

Aromen nach Wahl:
1 Prise Meersalz
⅛–¼ TL Zitronensaft
ca. ¼ TL Bio-Zitronenabrieb
1–2 TL Kokosblütenzucker
1–2 TL Ahornsirup
ca. ¼ TL Vanillemark
ca. ¼ TL Zimt
⅛–¼ TL gemahlener Ingwer
⅛–¼ TL gemahlener Kardamom

TIPP Statt Wasser kann man auch aufgebrühten und etwas abgekühlten Tee verwenden, z. B. Rooibos.

STRUDEL DER GLÜCKSGEFÜHLE

***** SCHWIERIG ◷ 40 MIN. + 1 STD. RUHEZEIT + 30 MIN. BACKZEIT**

Der Duft von Äpfeln, Mandeln und Zimt liegt in der Luft: Apfelstrudel versüßt den Herbst! Dazu ein Klecks Sahne, Vanilleeis oder etwas Vanillesauce und schon wird man zum Fan der dunklen Jahreszeit. Das Geheimnis eines klassischen Strudels liegt im Ausziehen und Buttern des elastischen Teiges, so entsteht eine zarte knusprige Hülle für die saftige Apfelfüllung.
Die Menge ist für einen kleinen Strudel berechnet, er ist für den Anfang etwas leichter zu händeln. Das Rezept kann natürlich verdoppelt werden. Den entsprechend längeren Strudel kann man zu einem Kranz biegen, so passt er noch aufs Blech.

APFEL-STRUDEL

Für 1 kleinen Strudel (4 Portionen)

Für den Teig:
125 g Mehl + etwas für die Arbeitsfläche
1 Prise Salz
1 Eigelb
1 EL neutrales Öl + etwas extra
50 g zerlassene Butter

Für die Füllung:
30 g Rosinen
30 g Mandelblättchen
650 g säuerliche Äpfel (z.B. Boskop oder Elstar)
Abrieb und Saft von ½ Bio-Zitrone
1 Vanilleschote, Mark ausgekratzt
40 g Rohrohrzucker
1 TL Zimt
40 g Löffelbiskuits oder Amarettini
Puderzucker zum Bestäuben

1 Für den Teig Mehl und Salz in einer Schüssel mischen. Eine Mulde in die Mitte drücken, Eigelb, Öl und 60 ml lauwarmes Wasser hineingießen und von der Mitte nach außen mit den Händen oder mit den Knethaken des Handrührgeräts zu einem glatten, leicht klebrigen Teig verarbeiten.

2 Den Teig auf der leicht bemehlten Arbeitsfläche ca. 50-mal „abschlagen", also kräftig auf die Arbeitsfläche werfen. Dadurch wird der Teig elastisch und beginnt zu glänzen. Zu einer Kugel formen und rundum mit Öl bestreichen. Abgedeckt 1 Std. bei Zimmertemperatur ruhen lassen.

3 Für die Füllung die Rosinen in etwas Wasser einweichen. Die Mandelblättchen in einer Pfanne ohne Fett leicht anrösten und beiseitestellen.

4 Die Äpfel schälen, achteln, vom Kerngehäuse befreien und quer in schmale Scheiben schneiden. In einer Schüssel mit Zitronenabrieb und -saft vermischen. Vanillemark mit den Fingerspitzen in den Zucker reiben. Zucker und Zimt zu den Äpfeln geben. Löffelbiskuits oder Amarettini im Blitzhacker zerbröseln, alternativ in

einen Gefrierbeutel geben und mit einer Teigrolle fein zerstoßen.

5 Den Backofen auf 200 °C (Ober-/Unterhitze) vorheizen, ein Blech mit Backpapier auslegen. Ein sauberes Geschirrtuch auf der Arbeitsfläche ausbreiten und leicht mit Mehl bestäuben. Den Teig daraufgeben und ein wenig ausrollen. (Traditionell wird der Teig vor dem Ausziehen nicht ausgerollt, es schadet ihm aber nicht und erleichtert den Anfang.) Nun die Handrücken unter den Teig schieben und diesen behutsam auseinanderziehen. Auf diese Weise ein Rechteck formen, das ungefähr so groß ist wie das Tuch. Der Teig sollte so dünn sein, dass das Muster des Geschirrtuchs durchscheint. Dann den Teig mit einer der schmalen Seiten zu sich drehen.

6 Die zerbröselten Löffelbiskuits oder Amarettini auf die untere Hälfte streuen, dabei 2 cm zum Rand frei lassen. Die Rosinen abgießen und mit den Mandelblättchen unter die Apfelfüllung mengen, auf den Keksbröseln verteilen. Die obere, freigelassene Teighälfte mit ⅔ der Butter bestreichen.

7 Mithilfe des Tuchs den Strudel aufrollen, die Nahtseite sollte zum Schluss unten liegen. Die Seiten nach unten umschlagen. Den Strudel auf das Blech legen (auch hierbei hilft das Tuch) und mit der restlichen Butter bestreichen. Im Ofen in ca. 30 Min. goldbraun backen. Herausnehmen, 10–15 Min. ruhen lassen und anschließend mit Puderzucker bestäubt servieren.

Pro Portion:
533 kcal, 20 g F, 74 g KH, 6 g B, 8 g E

RAUCHZEICHEN

✳✳ MITTEL ◔ JE NACH RÄUCHERGUT UNTERSCHIEDLICH

Zum Räuchern braucht man weder einen Smoker noch ein Eigenheim mit Garten, es sei denn, man hat sich in den Kopf gesetzt, ein ganzes Spanferkel zuzubereiten. Aber für ein bisschen Tofu, die eine oder andere Makrele, ein Stück Feta oder etwas Meersalz reicht ein Wok völlig aus. Alternativ kann man einen Topf mit gut schließendem Deckel oder einen Bräter verwenden, es muss nur ein Kuchengitter hineinpassen. Dann noch ein bisschen Räuchermehl (das gibt es im Outdoor- oder Anglerladen, im Baumarkt oder ansonsten im Internet) und schon kann der Räucherspaß losgehen!

RÄUCHERN IM WOK

Räuchergut nach Wahl:
Feta, Halloumi, Mozzarella oder Tofu à 150 g Gemüse (z. B. Champignons oder Rote Bete, vorgegart)
Kleine Fische im Ganzen à 250 g (z. B. kleine Makrelen oder Forellen, ausgenommen, gesäubert und trocken getupft) oder als Filet à 125 g (z. B. Lachsfilet, gesäubert und trocken getupft)
Meeresfrüchte (z. B. Garnelen, geschält und ohne Kopf)
grobes Meersalz

Gewürze nach Wahl:
Meersalz
frisch gemahlener schwarzer Pfeffer

1 Lebensmittel können sowohl gegart (z. B. Rote Bete) als auch roh (z. B. Fisch) geräuchert werden. Das Räuchergut putzen, nach Möglichkeit nicht zerkleinern und leicht mit Salz und Pfeffer würzen.

2 Den Deckelgriff des Woks abschrauben, das Fleischthermometer in das Loch stecken. Es sollte während des Räucherns die Rauchtemperatur im Wok messen und daher nicht im Räuchergut selbst stecken.

3 Den Wok mit Alufolie auskleiden und auf dem Herd stark erhitzen. Der Wok ist heiß genug, wenn ein auf die Alufolie geträufelter Wassertropfen sofort verdampft. Das Räuchermehl und nach Belieben 1 TL Kräuter oder Gewürze auf dem Boden des Woks verteilen.

4 Die durchlöcherte Aluschale umgekehrt auf das Räuchermehl setzen, am besten in der Mitte leicht eindellen, damit Abtropfflüssigkeit darin aufgefangen werden kann. Das Kuchengitter mit etwas Abstand daraufsetzen, evtl. aus Alufolie vier kleine Kugeln rollen und als Abstandshalter dazwischenlegen.

5 Das Räuchergut auf das Gitter geben. Den Wok mit dem Deckel verschließen und warten, bis das Mehl beginnt zu rauchen. Dann die Hitze reduzieren, die Temperatur sollte zunächst zwischen 100 und 80 °C liegen und anschließend langsam auf ca. 40 °C fallen. Die Räucherzeiten unterscheiden sich je nach Lebensmittel bzw. nach dessen Größe, gerade bei Gemüse ist es schwierig, generelle Aussagen zu treffen, aber man hat den Kniff schnell raus. Folgende Angaben sind Richtwerte:

- Feta, Halloumi, Mozzarella oder Tofu: ca. 15 Min.
- Champignons: ca. 6 Min.
- Rote Bete, vorgegart: ca. 20 Min.
- Kleine Fische: ca. 35 Min.
- Fischfilet: ca. 25 Min.
- Meeresfrüchte: ca. 25 Min.
- Meersalz: 10 Min.

6 Den Wok vom Herd nehmen und am geöffneten Fenster abstellen. Öffnen und den Rauch abziehen lassen. Dann die geräucherten Lebensmittel nach Belieben weiterverarbeiten.

Aromen für das Räuchermehl nach Wahl:
1 TL gehackte, getrocknete Kräuter (z. B. Rosmarin, Salbei, Thymian, Fichtennadeln)
1 TL Gewürze (Lorbeerblätter, Wacholder, Fenchelsamen, Kardamomkapseln)
1 TL Bio-Zitronen- oder Bio-Orangenabrieb
1 TL schwarzer Tee

Außerdem:
Wok mit Deckel
Fleischthermometer
Alufolie
ca. 50 g Räuchermehl
runde Aluschale (Ränder mit Zahnstocher durchlöchert)
Kuchengitter o. Ä.

SÜSSE FRÜCHTCHEN EINGEKOCHT

✱ LEICHT ◔ 10–15 MIN.

Ein Sonntagmorgen im August, duftender Kaffee, ein Croissant, etwas Marmelade – so sieht Frühstücksglück aus! Auf den August müssen wir vielleicht ein wenig warten, der Fruchtaufstrich jedoch ist schnell gezaubert. Für Debütanten bietet sich die Methode mit Gelierzucker an, sie ist ganz unkompliziert und funktioniert immer. Für das Gelieren sorgen Pektin und Zitronensäure, der Zucker macht das Obst haltbar. Neben der klassischen Methode, lässt sich Marmelade außerdem mit Agar-Agar herstellen.

Immer wenn eingekochte Früchte in sterilisierte Gläser gefüllt werden, sollten diese ebenfalls heiß sein, sie könnten sonst aufgrund der Temperaturunterschiede springen.

EASYPEASY HIMBEER-KONFITÜRE

Für 1 Glas à 200 ml
200 g Himbeeren (frisch oder TK)
100 g Gelierzucker 2:1

1 Die Himbeeren in einen Topf geben. Bei mittlerer Hitze aufkochen, dann den Zucker untermengen. Die Masse 3 Min. sprudelnd kochen lassen. Eventuell entstehenden Schaum abschöpfen.

2 Zur Gelierprobe ein wenig Marmelade auf eine kalte Untertasse tröpfeln. Sollte die Masse nicht innerhalb von 30–60 Sek. fest werden, die Marmelade 1 weitere Min. kochen.

3 In das heiße Gläser einfüllen und gut verschließen. Die Marmelade ist ungeöffnet monatelang haltbar. Nach dem Öffnen im Kühlschrank aufbewahren.

Pro TL:
29 kcal, 0 g F, 6 g KH, 0 g B, 0 g E

TIPP Auf diese Weise kann man nahezu alle Beeren zu Marmelade kochen. Wer es ganz fein und kernlos mag, streicht die Früchte vor dem Kochen durch ein Sieb. Im Handel sind Gelierzucker erhältlich, die im Verhältnis 1:1, 2:1 oder 3:1 mit Obst gemischt werden. Letztlich ist die Wahl Geschmackssache. Wenn man vollreife, süße Früchte wählt, reicht die Variante 2:1 zumeist völlig aus.

1 Agar-Agar in 50 ml kaltes Wasser rühren und 10 Min. quellen lassen.

2 Die Beeren nach Belieben vollständig oder zum Teil pürieren. In einen Topf geben und zum Kochen bringen, Honig und Zitronensaft einrühren. Agar-Agar zugeben und alles gründlich vermischen, dann 2 Min. sprudelnd kochen lassen.

3 In ein heißes, sterilisiertes Glas füllen, verschließen und bis zum Erkalten nach Möglichkeit nicht zu viel bewegen. Die Marmelade nach dem Abkühlen im Kühlschrank aufbewahren, sie ist ca. 1 Monat haltbar.

Pro TL:
27 kcal, 0 g F, 5 g KH, 1 g B, 0 g E

KONFITÜRE MIT AGAR-AGAR

Für 1 Glas à 200 ml

1 gestrichener TL Agar-Agar
250 g gemischte Beeren (z. B. Brombeeren, Himbeeren, Heidelbeeren), frisch oder aufgetaute TK-Ware
100 g Akazienhonig
Saft von ½ Zitrone

NOCH MEHR SÜSSE FRÜCHTCHEN

✱✱ MITTEL ◔ 1,5–3 STD.

Während Beeren sich wunderbar zu Marmelade verarbeiten lassen, ist Steinobst wie dafür gemacht, im Ofen zu süßem Mus eingekocht zu werden. Zwetschgen, Pflaumen und Aprikosen sind die Spitzenkandidaten! Die Quitte ist für manche ein wenig herausfordernd, aber wer sich an ihre harte Schale wagt, kann sich über Marmelade „zum Anbeißen“ freuen. Und statt zum Butterbrot isst man das Quittenbrot am besten zu herzhaftem Käse.

QUITTEN-BROT

Für ca. 350 g
1 TL Öl
800 g Quitten
Saft von 1½ Zitronen
2 Gewürznelken
1 Zimtstange
1 Sternanis
220 g brauner Zucker

Außerdem:
evtl. Sieb
Frischhaltedose

1 Eine Auflaufform (ca. 20 x 20 cm) mit dem Öl fetten. Die Quitten waschen, mit einem Tuch gründlich abreiben, entkernen und das Fruchtfleisch würfeln. Mit der Hälfte des Zitronensafts und den Gewürzen in einen Topf geben. Mit Wasser bedecken und aufkochen.

2 Die Quitten in 40–50 Min. weich kochen. Die Flüssigkeit abgießen und auffangen. Sie wird für dieses Rezept nicht gebraucht, schmeckt aber gekühlt und leicht gesüßt sehr lecker.

3 Die Gewürze entfernen. Die Quitten zurück in den Topf geben und pürieren. Nach Belieben durch ein Sieb streichen. Den Zucker zugeben und die Masse in 30–40 Min. dick einkochen. Dabei häufig umrühren.

4 In die Form streichen und abkühlen lassen. Das Quittenbrot In einer verschließbaren Dose im Kühlschrank aufbewahren. Es hält sich monatelang.

Pro Portion (bei 15 Portionen):
83 kcal, 0 g F, 17 g KH, 3 g B, 0 g E

PFLAUMENMUS WIE BEI OMA

Für 2 Gläser à 250 ml
2 kg Zwetschgen
oder Pflaumen
50–300 g Rohrohrzucker
(je nach Säuregehalt
der Früchte)
6 Gewürznelken
2 Zimtstangen

1 Den Backofen auf 175 °C (Umluft) vorheizen. Die Früchte vierteln und entsteinen. In einen Topf geben und abgedeckt in ca. 10 Min. weich kochen. Soll das Mus feiner werden, mit einem Stabmixer pürieren.

2 Mit ⅓ des Zuckers, Nelken und Zimt vermengen und in eine Auflaufform geben. Das Mus sollte mind. 4 cm hoch in der Form stehen.

3 In den Backofen geben, währenddessen die Tür alle 10 Min. öffnen, damit die Feuchtigkeit entweichen kann. Nach 30 Min. die Hälfte des übrig gebliebenen Zuckers unterrühren und das Mus 30 Min. weitergaren. Dann den restlichen Zucker zugeben und das Mus weitere 45–60 Min. einkochen.

4 Ob das Mus fertig ist, lässt sich leicht testen: Wenn man das Ende eines Kochlöffels durch das Mus zieht, sollte es nicht zusammenfließen. Das fertige Mus in heiße, sterilisierte Gläser füllen und abkühlen lassen. Ungeöffnet hält es sich monatelang.

Pro TL:
30 kcal, 0 g F, 6 g KH, 1 g B, 0 g E

TIPP Verwendet man statt Zwetschgen süßere Pflaumen, reichen 50 g Zucker. Verdoppelt man die Menge und steht das Mus entsprechend hoch in der Form, kann sich die Garzeit bis zu 5 Std. verlängern.

WE SCREAM ICE CREAM

✱ LEICHT ◔ CA. 25 MIN. + 6 STD. KÜHLZEIT

Herrlich cremiges Eis mit einer Maschine herzustellen macht Riesenspaß, keine Frage. Wenn das nötige Gerät allerdings nicht vorhanden ist, muss eine Geheimzutat her: gesüßte Kondensmilch. Für unser Rezept wird sie, ganz im Sinne dieses Buches, natürlich selbst gemacht. Hand in Hand mit geschlagener Sahne sorgt sie zuverlässig für sommerlichen Genuss.

ROLDIP
elsmann

GRUND-REZEPT MILCHEIS

Für ca. 300 ml gesüßte Kondensmilch:

400 ml Vollmilch
90 g Rohrohrzucker
2 TL Speisestärke
1 TL Weinstein-Backpulver

Für ca. 800 ml Eis:

300 ml Schlagsahne
300 ml gesüßte Kondensmilch
200 ml Vollmilch
1 Prise Salz

TIPP

Es ist für dieses Eisrezept ausreichend, die Masse nach 2–3 Std. einmal gründlich durchzumischen oder mit einem Stabmixer zu pürieren, damit die Eiskristalle (= Cremigkeitsgegner) zerstört werden.

1 Für die Kondensmilch 350 ml Vollmilch mit dem Zucker in einem mittelgroßen Topf (die Masse wird stark aufschäumen!) bei geringer Hitze ca. 5 Min. köcheln lassen. Währenddessen die Speisestärke mit dem Backpulver in der übrigen Milch glatt rühren.

2 Die Speisestärke-Backpulver-Mischung in die süße Milch rühren. Weitere 5 Min. einkochen, dann vom Herd nehmen und vollständig abkühlen lassen, es sollten 300 ml sein.

3 Für das Eis die Schlagsahne mit dem Handrührgerät steif schlagen. Die Kondensmilch mit der Milch und dem Salz verrühren und zur Schlagsahne geben. Alles gründlich vermengen und in eine tiefkühlgeeignete Dose geben.

4 Die Dose verschließen und die Masse im Tiefkühlfach 3 Std. anfrieren. Anschließend gründlich mit einem Löffel oder mit dem Stabmixer durchmixen. Danach ca. weitere 3 Std. gefrieren lassen.

Pro Portion (bei 15 Portionen):
83 kcal, 0 g F, 17 g KH, 3 g B, 0 g E

EISCREME-VARIATIONEN

Das Basisrezept ist als Spielwiese für die eigene Kreativität gedacht. Als Faustregel gilt: Was sich mit der Creme vollständig vermischen soll, darf vor dem Einfrieren hinein. Alle weiteren Zutaten werden nach 3 Std. untergemengt, wenn die Masse etwas angefroren ist.

Vanilleeis:
Die Kondensmilch mit Schote und Mark von 1 Vanilleschote aufkochen. Anschließend mind. 1 Std. (am besten aber über Nacht) im Kühlschrank durchziehen lassen. Schote entfernen und die Milch so verarbeiten wie im Rezept oben angegeben.

Schokoladeneis:
250 g Zartbitterschokolade hacken. Die Milch erhitzen und 200 g der Schokolade darin schmelzen. Abkühlen lassen. Wie oben angegeben weiter verfahren und das Eis 3 Std. gefrieren lassen. Gut durchmischen und die restliche Schokolade unterrühren. Weitere 3 Std. gefrieren lassen.

Frucht- oder Beereneis:
200 g pürierte Früchte oder Beeren vor dem Einfrieren zugeben. Die Masse nach 3 Std. durchmischen und nach Belieben 1 Handvoll zerbröselte Baisers untermengen. Weitere 3 Std. gefrieren lassen.

Nusseis:
Vor dem Einfrieren die Masse mit 3 EL Nussmus vermengen. Nach 3 Std. das Eis durchmischen und 100 g gehackte, geröstete Nüsse einrühren. Weitere 3 Std. gefrieren lassen.

Himbeer-Swirl:
Vanilleeis nach Rezept herstellen und 3 Std. anfrieren lassen. 200 g Himbeeren mit 3 EL Rohrohrzucker und 1 EL Zitronensaft einige Minuten einkochen und abkühlen lassen. Das Eis gut durchmischen, dann das Himbeermus auf das Eis tröpfeln und mit einer Gabel partiell unterrühren. Das Eis weitere 3 Std. gefrieren lassen.

SNICKERS-FAKE

✱ LEICHT ◔ 30 MIN. + 2 STD. RUHEZEIT + TROCKNEN

Wir wollen ja gar nicht behaupten, dass die hier vorgestellte Leckerei genauso schmeckt wie der allseits bekannte Erdnuss-Karamell-Riegel. Sie schmeckt irgendwie … besser. Gesünder und besser. Ja, das trifft es ziemlich gut!

ERDNUSS-SCHOKO-RIEGEL

Für ca. 5 Riegel

Karamellschicht:
4 Medjoul-Datteln, entsteint
1 EL Mandelmus
1 TL Ahornsirup
1 Msp. Bourbon-Vanillezucker
1 Prise Salz
35 g geröstete, ungesalzene Erdnusskerne

Nougatschicht:
15 g (ca. 6 TL) Kokosmehl
3 EL Ahornsirup
2 EL cremige Erdnussbutter
2 EL Cashew- oder Mandelmus

Außerdem:
75 g Zartbitterschokolade
1 TL Kokosöl

1 Eine verschließbare, tiefkühlgeeignete Dose (ca. 12 x 10 cm) mit Backpapier auskleiden. Für die Karamellschicht die Datteln in einem Blitzhacker oder mit dem Stabmixer cremig pürieren. Mandelmus, Ahornsirup, Vanillezucker und Salz untermischen. Die Erdnüsse grob hacken und zugeben. Die Masse in die Form geben, glatt streichen und kurz in das Gefrierfach stellen.

2 Für die Nougatschicht alle Zutaten gründlich vermischen und auf die Karamellschicht streichen. Die Form verschließen und die Masse mind. 2 Std. tiefkühlen.

3 Die Schokolade fein hacken. Die Hälfte mit dem Öl über dem heißen Wasserbad schmelzen. Vom Wasserbad nehmen und die restliche Schokolade unter Rühren darin schmelzen.

4 Die Nussmasse aus dem Gefrierfach nehmen und mit einem scharfen Messer in 5 Riegel schneiden. In der Schokolade wenden und auf einem Kuchengitter vollständig trocknen lassen. Die Riegel im Gefrierfach oder im Kühlschrank aufbewahren. Vor dem Genuss ca. 20 Min. antauen lassen.

Sie halten sich im Kühlschrank ca. 4 Tage und im Gefrierfach ca. 8 Wochen.

Pro Stück:
336 kcal, 22 g F, 24 g KH, 4 g B, 9 g E

MEHR ALS SALZ IN DER SUPPE

✱ LEICHT **◔ CA. 15 MIN. + CA. 2 STD. TROCKNEN**

In der Reihe klassischer Produkte, von denen man nicht dachte, dass man sie selber herstellen kann, steht Gemüsebrühe wohl ganz vorne. Wenn überhaupt, hat man vielleicht einmal einen Gemüsefond zubereitet, aber Brühepulver oder Würzpaste? Eher nicht. Dabei ist es wirklich kinderleicht, und man weiß am Ende ganz genau, was drin ist. Nämlich keine Geschmacksverstärker, keine unnötigen Zusatzstoffe, sondern spitzenmäßiges Gemüse, Kräuter und Gewürze. Während für das Pulver das Gemüse zerkleinert und im Ofen getrocknet wird, wird für die Paste püriertes Gemüse mit Salz gemischt. Auch im Gefrierfach bleibt die Paste cremig und kann so gezielt dosiert werden.

GEMÜSE-BRÜHE-PULVER

Brühepulver und Würzpaste

150 g Knollensellerie
1–2 Möhren
1 Zwiebel
2 Knoblauchzehen
1 Lauchstange
3 Stängel Petersilie
1 EL Olivenöl
(nur für die Würzpaste)
Salz
2 Lorbeerblätter
3 Pimentkörner
½ TL Pfefferkörner

1 Knollensellerie, Möhren, Zwiebel und Knoblauch schälen, Lauch putzen, Petersilie grob hacken. Anschließend entweder in einem Blitzhacker sehr fein hacken (aber nicht pürieren!) oder durch den Fleischwolf drehen.

2 Alles auf zwei Blechen verteilen und im Backofen bei 75 °C (Umluft) ca. 2 Std. lang trocknen. Dabei in den ersten 30 Min. die Backofentür einen kleinen Spalt auflassen, anschließend schließen und alle 20 Min. kurz öffnen, damit die Feuchtigkeit entweichen kann. Das Gemüse regelmäßig wenden. Es ist fertig, wenn es sich absolut trocken anfühlt.

3 Die getrocknete Mischung nun im Blitzhacker mit 40 g Salz, Lorbeerblättern sowie Piment- und Pfefferkörnern mahlen. Luftdicht verschließen und für 500 ml Brühe ca. 1 EL in warmem Wasser lösen.

1 Knollensellerie, Möhren, Zwiebel und Knoblauch schälen, Lauch und Petersilie putzen. Alles in einem Mixer pürieren. Mit Öl, 100 g Salz sowie den fein zerstoßenen Lorbeerblättern, Piment- und Pfefferkörnern vermengen und in sterilisierte Gläser füllen. Im Kühlschrank oder im Gefrierfach aufbewahren und pro 500 ml Brühe 1–2 TL der Paste in Wasser auflösen.

GEMÜSE-WÜRZ-PASTE

Pro TL Brühepulver und Würzpaste:
4 kcal, 0 g F, 0 g KH, 0 g B, 0 g E

TIPP

Asiatisch wird es mit der Zugabe von Ingwer, Chili, Zitronengras und noch mehr Knoblauch.
Für ein würziges Aroma sorgen Pilze und Liebstöckel. Pastinaken, Stangensellerie, Tomaten und Fenchel machen in der Brühe ebenfalls eine gute Figur. Kohl hingegen eignet sich nicht, sein Aroma ist zu dominant.

GUT DING ...

✱✱ MITTEL ◔ 35 MIN. + RUHEZEIT ÜBER NACHT + 1 STD. RUHEZEIT + 35 MIN. BACKZEIT

Babka, Hefekranz, Nusszopf – das prächtige Hefeglück hat viele Namen. Allen gemein ist das Versprechen eines wohligen Gefühls.
Bei dieser Variante ruht der Teig über Nacht im Kühlschrank, wodurch er besonders aromatisch wird und sich ganz leicht verarbeiten lässt. Hefeteig mag es in der Regel sehr gerne, wenn man ihn freundlich, aber mit Entschlossenheit einige Minuten lang knetet. Belohnt wird die Arbeit mit einer immer geschmeidiger werdenden Konsistenz. Keine Bange also, wenn der Teig zu Beginn etwas klebrig erscheint, das legt sich.

ZIMT-WALNUSS-BABKA

Für den Teig:
260 g Weizenmehl + etwas für die Arbeitsfläche
40 g Rohrohrzucker
1 TL Trockenhefe (3 g)
1 Pck. Bourbon-Vanillezucker
¼ TL Salz
80 ml Milch
1 Ei
1 Eigelb
60 g weiche Butter
1 TL Öl

Für die Füllung:
50 g weiche Butter
40 g brauner Zucker
40 g Rohrohrzucker
1½ TL Zimt
70 g Walnusskerne + ein paar extra

Für die Glasur:
50 g Rohrohrzucker

1 Für den Teig Mehl, Zucker, Hefe, Vanillezucker und Salz in der Schüssel einer Küchenmaschine gründlich mischen. Milch mit Ei und Eigelb verquirlen, zugeben und alles verkneten. Die Butter teelöffelweise zugeben und einarbeiten.

2 Den Teig entweder 10 Min. in der Küchenmaschine kneten oder auf der leicht bemehlten Arbeitsfläche mit den Händen bearbeiten, bis er nicht mehr klebt und schön elastisch ist. Währenddessen kein weiteres Mehl zugeben. Zu einer Kugel formen, in eine geölte Schüssel legen, mit Frischhaltefolie abdecken und über Nacht im Kühlschrank gehen lassen.

3 Am nächsten Tag für die Füllung die Butter mit beiden Zuckersorten und dem Zimt verrühren. Eine Kastenform (24 x 11 cm) mit Backpapier auskleiden. Den Teig auf der leicht bemehlten Arbeitsfläche zu einem Rechteck (25 x 35 cm) ausrollen und mit der Füllung bestreichen, dabei einen ca. 2 cm breiten Rand lassen. Walnüsse grob hacken und auf der Füllung verteilen.

4 Von der kurzen Seite her aufrollen. Die Rolle mit der Nahtseite nach unten legen und mit einem scharfen Messer längs (!) halbieren, sodass zwei lange Stränge entstehen. Diese zunächst zu einem schrägen Kreuz übereinanderlegen und anschließend zu einem Zopf flechten, indem die Stränge abwechselnd übereinandergelegt werden. Die Schnittkanten sollten dabei immer nach oben zeigen.

5 Den Zopf in die Backform legen, mit einem Geschirrtuch abdecken und ca. 1 Std. an einem warmen Ort gehen lassen. Den Backofen rechtzeitig auf 175 °C (Ober-/Unterhitze) vorheizen und die Babka in ca. 35 Min. goldbraun backen.

6 Währenddessen für die Glasur den Zucker mit 30 ml Wasser in einem kleinen Topf bei mittlerer Hitze aufkochen. Die Babka aus dem Ofen holen, sofort mit dem Sirup bestreichen und mit den restlichen Walnusskernen bestreuen. Vollständig abkühlen lassen.

Pro Scheibe (bei 10 Scheiben):
328 kcal, 16 g F, 39 g KH, 1 g B, 5 g E

TIPP

Mit diesem Teig lässt sich wunderbar spielen: Zur Zimtmasse kann man zusätzlich fein gewürfelte Äpfel geben, die Walnüsse lassen sich durch Mandeln oder Pekannusskerne ersetzen oder man füllt den Kranz mit Nuss-Nougat-Creme. Für eine herzhafte Variante wird die Zuckermenge im Teig auf ca. ½ EL reduziert und die Milch durch Wasser ersetzt, Vanillezucker und Glasur lässt man einfach weg. Zum Füllen eignet sich z. B. leckeres Pesto oder Kräuterbutter – natürlich hausgemacht!

KNUSPER, KNUSPER PÄUSCHEN

✳✳ MITTEL ◔ CA. 20 MIN. + 10 STD. BZW. 1 STD. 20 MIN. RUHEZEIT + 10–15 MIN. BACKZEIT

Ob als Frühstücksknabberei oder harte Reserve für Notlagen: Knäckebrot sorgt für knusprige Abwechslung und Spaß auf dem Tisch, nicht zuletzt weil man die Schnitten in nahezu jede beliebige Form ausstechen kann. Hier sind es zwar runde und rechteckige Scheiben, aber wer sagt denn, dass man nicht auch Blumen oder Dinos frühstücken kann?

DÜNNES KNÄCKEBROT

Für ca. 30 Stück
150 g Roggenmehl + etwas mehr
120 g Dinkelvollkornmehl
30 g Sauerteig
1 TL Meersalz
1 Prise Rohrohrzucker

Außerdem:
2 EL Haferkleie zum Bestreuen

TIPP

Der Teig kann nach Belieben vor dem Kneten mit ca. 2 TL Fenchel-, Kümmel- oder Anissamen gewürzt werden. Statt mit Haferkleie kann man das Knäckebrot vor dem Backen auch mit Sesam bestreuen.

1 Roggen- und Dinkelvollkornmehl in einer Schüssel mischen. Den Sauerteig mit 150 ml lauwarmem Wasser verrühren und mit Salz und Zucker zum Mehl geben. Alles gründlich mit den Händen verkneten und den Teig abgedeckt 10 Std. bei Zimmertemperatur reifen lassen.

2 Den Backofen auf 200 °C (Ober-/Unterhitze) vorheizen. Den Teig auf der leicht bemehlten Arbeitsfläche sehr dünn (ca. 2 mm) ausrollen. Anschließend mit einem scharfen Teigrädchen in Streifen (ca. 4 x 10 cm) schneiden.

3 Die Knäckebrotscheiben auf mit Backpapier belegte Bleche legen. Mit etwas Wasser bestreichen und mit Haferkleie bestreuen. In ca. 10 Min. kross backen. Auf einem Kuchengitter abkühlen lassen und luftdicht verschlossen aufbewahren.

Pro Scheibe:
38 kcal, 0 g F, 7 g KH, 1 g B, 1 g E

SCHWEDISCHES LOCHBROT

Für ca. 10 Stück

1 Würfel (42 g) Frischhefe
1½ EL Zuckerrübensirup
250 g Weizenmehl + etwas für die Arbeitsfläche
250 g Roggenmehl
1 TL Meersalz
2 EL Sesam
20 g weiche Butter

1 Hefe in ein Schälchen krümeln, 250 ml lauwarmes Wasser, Sirup und 2 EL Mehl zufügen und rühren, bis sich die Hefe aufgelöst hat. Abgedeckt 15 Min. gehen lassen.

2 Die trockenen Zutaten vermischen. Die Butter mit den Fingerspitzen einarbeiten. Den Vorteig zur Mehlmischung geben und alles mit den Händen zu einem glatten Teig verkneten. Abgedeckt an einem warmen Ort 45 Min. gehen lassen.

3 Den Teig einmal mit der Faust eindrücken. Auf der leicht bemehlten Arbeitsfläche 1 cm dick ausrollen, dann Kreise (Ø 15 cm) und jeweils in der Mitte ein Loch ausstechen. Wer keine passenden runden Ausstecher hat, behilft sich mit einer Untertasse und einem scharfen Messer. Den Teig mit einer Gabel mehrmals einstechen, weitere 20 Min. gehen lassen.

4 Den Backofen auf 200 °C (Ober-/Unterhitze) vorheizen. Die Brote ca. 15 Min. backen, bis die Oberfläche gebräunt ist.

Pro Stück:
223 kcal, 3 g F, 39 g KH, 3 g B, 5 g E

LÖWENSTARK UND RATTEN-SCHARF

✱ LEICHT ◷ 5–10 MIN. + RUHEZEIT ÜBER NACHT

Die Grundzutaten von Senf sind ganze oder bereits zu Pulver gemahlene Senfkörner, Essig, Süßungsmittel, Salz und Wasser. Das Zubereiten geht flott, aber man sollte dem Senf eine Ruhezeit von mindestens 24 Stunden gönnen, besser noch lässt man ihn einige Wochen durchziehen, dann können sich die Aromen gut entfalten. Senf kann man nach Herzenslust mahlen oder mixen, würzen, süßen und mit anderen Aromen kombinieren. Neben Knoblauch, Chili, Kräutern und Gewürzen können sogar mit kandierten Früchten oder Whisky Akzente gesetzt werden.

KÖRNIGER SENF

Für ca. 200 ml
70 g weiße Senfkörner
30 g schwarze Senfkörner
100 ml Apfelessig
40 g Akazienhonig
1/2 TL Meersalz

1 Die weißen und die schwarzen Senfkörner in einer sauberen Kaffeemühle, mit einem Blitzhacker oder im Mörser grob mahlen. Mit den restlichen Zutaten und 80 ml Wasser verrühren und über Nacht bei Raumtemperatur ziehen lassen.

2 Am nächsten Tag evtl. noch einmal kurz durchpürieren, dann in ein sterilisiertes Schraubglas füllen, verschließen und mind. 24 Std., besser aber 3 Tage ruhen lassen. Der Senf ist zunächst recht flüssig, quillt aber mit der Zeit gut nach. Er ist ab Herstellung ca. 4 Wochen haltbar.

Pro EL:
62 kcal, 3 g F, 6 g KH, 1 g B, 2 g E

TIPP

Für ein nussiges Aroma können die Senfkörner vor dem Zerkleinern angeröstet werden, sollten aber vor dem Mahlen gut abkühlen.

FEINER SENF

Für ca. 200 ml
100 g Senfpulver
60 ml Reisessig
50 g Reissirup
1 TL Meersalz

1 Für den feinen Senf alle Zutaten mit 60 ml Wasser gründlich vermengen. Eventuell etwas mehr Wasser unterrühren, bis die gewünschte Konsistenz erreicht ist.

2 In ein sterilisiertes Schraubglas füllen, verschließen und mind. 24 Std., besser aber 3 Tage ruhen lassen. Der Senf ist zunächst recht flüssig, quillt aber mit der Zeit gut nach. Er ist ab Herstellung ca. 4 Wochen haltbar.

Pro EL:
53 kcal, 1 g F, 8 g KH, 1 g B, 2 g E

TIPP Abwechslung gefällig? Im Grunde kann jeder Essig verwendet werden, der mind. 5 % Säure enthält. Apfelessig hat eine besonders fruchtige Note, Reisessig schmeckt eher mild. Mutige probieren Varianten mit Kräuteressig oder Balsamico.

Womit der Senf gesüßt wird, ist ebenfalls jedem selbst überlassen. Zucker ist am neutralsten, Honig passt sehr gut zum Senfaroma, aber Agavendicksaft, Ahornsirup oder Apfelmus schmecken ebenfalls köstlich.

SOJA WER?

✳ ✳ MITTEL ◷ 15–20 MIN. + 4–6 STD. RUHEZEIT

Kichererbsen-Tofu – der goldene, schnittfeste Bruder der Polenta trägt hierzulande leider keinen besonders hübschen Namen. Dabei ist er so ein toller Kerl! Randvoll mit Eiweiß und vielen wertvollen Inhaltsstoffen bereichert er den vegetarischen oder veganen Speiseplan, ist leicht herzustellen und wunderbar vielseitig.
Unter dem Namen Shan-Tofu ist er als burmesisches Nationalgericht bekannt. Dafür wird Kichererbsenmehl zu Brei gekocht, beim Abkühlen wird die Masse fest und kann nach Belieben weiterverarbeitet werden.
In Südfrankreich bereitet man eine ganz ähnliche Speise zu, die Panisse genannt wird. Die fest gewordene Kichererbsenmasse wird dafür in Stücke geschnitten und knusprig frittiert.

KICHER-ERBSEN-TOFU

Für ca. 400 g
½ TL Öl + etwas extra
70 g Kichererbsenmehl (ungeröstet)
½ TL Kurkuma
½ TL Meersalz

1 Ein Glas- oder Porzellangefäß (ca. 10 x 10 cm) leicht einölen oder für festeren Tofu mit einem sauberen Stück Stoff auskleiden. Kichererbsenmehl und Kurkuma in einer Schüssel mischen, 120 ml Wasser zugießen, gründlich verquirlen und 2 Std. abgedeckt quellen lassen.

2 In einem Topf 240 ml Wasser mit Salz und Öl aufkochen. Die Temperatur reduzieren und die Kichererbsenmasse mit einem Schneebesen einrühren, unter konstantem Rühren ca. 10 Min. köcheln lassen, bis sie glasig-glänzend wird.

3 Die Masse in das vorbereitete Gefäß füllen, glatt streichen und abkühlen lassen. Abdecken und im Kühlschrank in 2–4 Std. fest werden lassen. Anschließend den Stoff entfernen und den Tofu nach Belieben weiterverarbeiten. Im Kühlschrank hält er sich max. 5 Tage (nicht TK-geeignet).

Pro Portion (bei 2 Portionen):
132 kcal, 3 g F, 15 g KH, 5 g B, 6 g E

TIPP Der Tofu kann nach Belieben schon während des Zubereitens gewürzt werden, z. B. mit gemahlenen Koriandersamen, (geräuchertem) Paprikapulver, Knoblauch oder frischen Kräutern. Er schmeckt lecker im Salat, als Suppeneinlage und angebraten in Gemüsepfannen und Currys (am Ende zugeben). Außerdem eignet er sich wunderbar als Basis für vegane Aufstriche.

SCHMECKT NACH URLAUB

✱ LEICHT ◔ CA. 1 STD.

Salz bietet eine hervorragende Grundlage für Aroma-Experimente. Abgesehen davon macht sich eine mit buntem Salz gefüllte Gewürzmühle prima als Geschenk, es lohnt sich also, gleich eine doppelte Menge zu machen. Wenn feuchte Zutaten verwendet werden, z. B. Knoblauch, sollte das Salz im Ofen getrocknet werden.

AROMATISIERTE SALZE

Ergibt jeweils 50 g

Rosmarin-Knoblauch-Salz

Passt zu Fleisch und Kartoffeln.

5 Knoblauchzehen
3 EL grobes Meersalz
1 EL gehackter Rosmarin

1 Den Backofen auf 50 °C (Ober-/Unterhitze) vorheizen. Den Knoblauch schälen und sehr fein hacken. Mit Salz und Rosmarin vermengen.

2 Auf einem mit Backpapier belegten Blech verteilen und ca. 60 Min. im Ofen trocknen, dabei das Salz alle 15 Min. etwas durchmischen.

3 Das Salz abkühlen lassen, anschließend in eine Dose oder ein kleines Gläschen füllen und bei Bedarf in einer Mühle oder im Mörser zerkleinern.

Thymian-Zitronen-Salz

Passt zu Fisch und Ofengemüse.

3 EL grobes Meersalz
Abrieb von 2 Bio-Zitronen
1 EL Thymianblättchen
1 TL Fenchelsamen
⅔ TL schwarze Pfefferkörner

1 Den Backofen auf 50 °C (Ober-/Unterhitze) vorheizen. Salz mit Zitronenabrieb und Thymian vermengen und auf einem mit Backpapier belegten Blech verteilen. Ca. 30 Min. trocknen, dabei alle 10 Min. durchmischen.

2 Fenchelsamen fein, den Pfeffer in einem Mörser grob zerstoßen und unter das Salz mengen. Abkühlen lassen, anschließend das Salz in eine Dose oder ein kleines Gläschen füllen und bei Bedarf in einer Mühle oder im Mörser zerkleinern.

Blütensalz

Passt zu Tomaten, Rohkost, Salaten, Dips und Quark.

2 TL getrocknete essbare Blüten (z. B. Sonnenblumen, Kornblumen, Malven oder Rosen)
½ TL rosa Pfefferbeeren
3 EL Fleur de Sel
½ TL getrocknetes Basilikum
½ TL getrockneter Oregano

1 Die Blüten ggf. etwas zerkleinern, die Pfefferbeeren grob zerstoßen und alle Zutaten mischen. In ein Schraubglas füllen und als Topping auf die fertigen Speisen streuen.

Vanille-Zitrus-Chili-Salz

Passt zu asiatischen Gerichten, Geflügel, Fisch und Gemüse.

3 EL grobes Meersalz
Abrieb von ½ Bio-Orange
1 TL fein geschnittenes Zitronengras
1 TL geriebener Ingwer
½ TL fein gehackte rote Chilischote
Mark von ½ Vanilleschote

1 Den Backofen auf 50 °C (Ober-/Unterhitze) vorheizen. Das Salz mit Orangenabrieb, Zitronengras, Ingwer und Chili vermengen und auf einem mit Backpapier belegten Blech verteilen. Im Ofen ca. 30 Min. trocknen, dabei das Salz alle 10 Min. etwas durchmischen.

2 Das Vanillemark untermischen, dann das Salz abkühlen lassen, in eine Dose oder ein kleines Gläschen füllen und bei Bedarf in einer Mühle oder im Mörser zerkleinern.

Basilikum-Parmesan-Salz

Passt zu Tomaten, Pasta, Risotto und Salat.

⅓ TL schwarze Pfefferkörner
3 EL grobes Meersalz
1 TL geriebener Parmesan
1 TL getrocknetes Basilikum

1 Den Pfeffer grob zerstoßen, alle Zutaten vermischen und in eine Dose oder ein kleines Gläschen füllen. Bei Bedarf in einer Mühle oder im Mörser zerkleinern.

Kaffee-Gewürz-Salz

Passt zu gebratenem oder gegrilltem Fleisch und dunklen Saucen.

⅓ TL schwarze Pfefferkörner
3 EL grobes Steinsalz
1 EL grob zerstoßene Kaffeebohnen
¼ TL Bourbon-Vanille
¼ TL Zimt
je 1 Prise gemahlener Kardamom, Piment, Gewürznelken und frisch geriebene Muskatnuss

1 Den Pfeffer grob zerstoßen, alle Zutaten vermischen und in eine Dose oder ein kleines Gläschen füllen. Bei Bedarf in einer Mühle oder im Mörser zerkleinern.

LUFTIG-LEICHT

✳✳ MITTEL   ◔ CA. 20 MIN. + 15 MIN. BACKZEIT

Löffelbiskuits gehören zum Tiramisu wie die sieben Zwerge zu Schneewittchen, da gibt es nichts dran zu rütteln. Und wenn man die Bio-Eier für das himmlischste aller italienischen Desserts eh schon zur Hand hat, dann kann man auch gleich diese leckeren Kekse daraus backen! Es geht ganz einfach und schnell, und man braucht nur sechs Zutaten.
Damit der Eischnee auch schön luftig und fest wird, sollten die verwendete Schüssel sowie die Rührhaken absolut sauber und fettfrei sein. Wer auf Nummer sicher gehen will, reibt beides vorher mit einer halben Zitrone ab.

LÖFFEL-BISKUITS

Für ca. 24 Stück
2 Eier
1 Prise Salz
45 g Rohrohrzucker + etwas extra
1 Pck. Vanillezucker
50 g Mehl
ca. 2 TL Puderzucker

Außerdem:
Spritzbeutel mit 1,5-cm-Lochtülle (alternativ Gefrierbeutel mit abgeschnittener Ecke)

1 Backofen auf 175 °C vorheizen. Eier trennen, Eiweiße in eine saubere Schüssel geben und mit Salz halbsteif schlagen. Unter Rühren 2 EL Zucker einrieseln lassen und so lange weiterschlagen, bis er sich aufgelöst hat. Kurz beiseitestellen.

2 Eigelbe mit dem übrigen Zucker und Vanillezucker sehr cremig rühren. Eischnee daraufgeben, das Mehl daraufsieben. Alles behutsam, aber gründlich mit einem großen Löffel oder Teigspatel vermengen.

3 Masse in einen Spritzbeutel füllen und 24 Stäbchen mit etwas dickerem Anfang und Ende auf das Blech spritzen. Mit Puderzucker bestäuben und mit ganz wenig Zucker bestreuen. Löffelbiskuits bei leicht geöffneter Backofentür ca. 15 Min. backen.

4 Herausnehmen und auf einem Kuchengitter auskühlen lassen. Luftdicht verschlossen in einer Dose aufbewahren. Die Löffelbiskuits schmecken frisch am besten, sie halten sich aber ca. 3 Tage.

Pro Stück:
26 kcal, 0 g F, 4 g KH, 0 g B, 1 g E

TIRAMISU

Für 8 Portionen
2 Eier
2 Eigelb
100 g Puderzucker
500 g Mascarpone
2 cl Amaretto
125 ml Espresso, abgekühlt
200 g Löffelbiskuits
Kakaopulver zum Bestäuben

1 Die Eier trennen, das Eiweiß steif schlagen und beiseitestellen. Die Eigelbe mit Puderzucker cremig schlagen. Mascarpone und Amaretto zugeben und alles gründlich vermengen. Den Eischnee portionsweise unterheben.

2 Den Espresso in einen tiefen Teller füllen. Die Löffelbiskuits nacheinander kurz hineinlegen, einmal wenden und den Boden einer Auflaufform damit auslegen. Mit der Hälfte der Mascarponecreme bestreichen. Mit getränkten Biskuits belegen und die restliche Creme darauf verteilen.

3 Die Masse glatt streichen, entweder jetzt oder kurz vor dem Servieren mit Kakao bestäuben. Mit Frischhaltefolie abdecken und das Tiramisu über Nacht im Kühlschrank durchziehen lassen.

Pro Portion:
421 kcal, 29 g F, 29 g KH, 0 g B, 8 g E

ENDLICH FERIEN!

ECHT NORDISCH

✱✱ MITTEL ◔ ZEIT: 20–25 MIN. + BEIZZEIT

Gravad Lax ist eine der Speisen, die man neben Köttbullar oder Zimtschnecken sofort mit Skandinavien verbindet. Frisch, kühl, Meeresbrise inklusive. Früher bedeckte man den Lachs mit einer Salz-Zucker-Mischung und grub ihn in Strand- oder Erdlöcher, um ihn haltbar zu machen – daher gravad, also „eingegraben“. Es ist heutzutage nicht mehr nötig, den Fisch irgendwo zu verbuddeln, diese Arbeit erledigen ein paar Gewichte und der Kühlschrank für uns. Doch noch immer hat das Gericht, nicht zuletzt durch die überschaubare Anzahl der Zutaten, einen wunderbar ursprünglichen, klaren Charakter. Die Hauptakteure sind ein schönes Stück Lachsfilet, ansonsten Meersalz und etwas Zucker. Zurück zur Einfachheit!

GRAVLAX

Für ca. 6 Portionen

Zum Beizen:
1 kg Lachsfilet mit Haut
½ Bio-Zitrone
30 g Zucker
100 g mittelgrobes oder feines Meersalz
1 EL zerstoßener schwarzer Pfeffer
3 EL Wodka
1 Bund Dill, fein gehackt

Zum Würzen nach dem Beizen:
je 1 EL schwarze Pfefferkörner, Fenchel- und Koriandersamen
1 Bund Dill
Abrieb von ½ Bio-Zitrone

1 Das Lachsfilet säubern und mit Küchenpapier trocken tupfen. Gräten entfernen und das Filet in eine obere und eine untere Hälfte schneiden. Beide Teile mit der Haut nach unten in eine Auflaufform oder einen Bräter legen.

2 Die Zitrone abreiben, den Saft auspressen. Zitronenabrieb mit Zucker, Salz und Pfeffer mischen und großzügig auf dem Lachs verteilen. Der Fisch soll gleichmäßig davon bedeckt sein. Anschließend den Lachs mit Zitronensaft und Wodka beträufeln. Den Dill mitsamt Stängeln fein hacken und auf den Fisch drücken.

3 Beide Hälften mit der Fleischseite aufeinanderlegen und mit Frischhaltefolie einwickeln, ohne sie zu quetschen.

4 Ein Brett o. Ä. auf den Lachs legen und mit Gewichten (z. B. Konservendosen) beschweren. Im Kühlschrank 8–48 Std. beizen. Umso länger, desto salziger und haltbarer ist der Fisch. Er sollte sich am Ende deutlich fest anfühlen. Während des Beizens den Fisch mind. zweimal wenden.

5 Die ausgetretene Flüssigkeit wegschütten. Kräuter, Salz und Gewürze mit einem Küchentuch vom Fisch streifen und den Fisch auf ein sauberes Brett legen.

6 Zum Würzen Pfefferkörner, Fenchel- und Koriandersamen in einem Mörser zerstoßen, den Dill hacken. Mit Zitronenabrieb und der Gewürzmischung auf dem Fisch verteilen. Leicht andrücken. Man kann den Fisch nun entweder dicht mit Frischhaltefolie bedecken und noch einmal einige Stunden durchziehen lassen oder sofort aufschneiden. Dafür ein scharfes Messer schräg ansetzen und den Lachs mit langen Zügen in sehr dünne Scheiben schneiden und von der Haut lösen. Lachs, der 48 Std. gebeizt wurde, hält sich im Kühlschrank ca. 2 Wochen.

Pro Portion:
300 kcal, 16 g F, 5 g KH, 1 g B, 29 g E

TIPP Klassisch wird Gravad Lax mit Dill, Zitrone und Pfeffer gewürzt. Wer Abwechslung mag, dem seien folgende Kombinationen ans Herz gelegt: Rote Bete+Meerrettich+Zitrone, Pfeffer+Koriandersamen+Wacholder oder Zitronengras+Limette+Koriander. Statt mit Wodka kann der Lachs mit Gin oder Pernod beträufelt werden. Zum Gravad Lax schmeckt am besten die süßsaure Senfsauce Gravlaxsås. Dafür 6 EL scharfen Senf, 2 EL Apfelessig, 3 EL Rohrohrzucker, Meersalz und frisch gemahlenen schwarzen Pfeffer verrühren. 200 ml Olivenöl langsam zugießen, dabei beständig mixen. Anschließend 3 EL gehackten Dill unterrühren. 1 Tag im Kühlschrank durchziehen lassen.

EIN PILZ, BITTE!

✱✱ MITTEL ◔ CA. 20 MIN. + 5–10 TAGE FERMENTATION

Um Kombucha herzustellen, braucht man einen Kombuchapilz. Der verwandelt gesüßten Tee in ein leckeres und gesundes Getränk, das dezent an Cidre erinnert. Der Pilz ist zwar nicht besonders hübsch anzusehen, aber wahre Schönheit kommt schließlich von innen! Man kann Kombuchapilze im Internet bestellen, oder man fragt im Bekanntenkreis nach, ob jemand einen übrig hat. Denn ein Kombuchapilz bleibt nicht alleine: Jedes Mal, wenn man Tee braut, bekommt die Kombucha-Mutter ein Baby. Dieses löst sich nach einigen Tagen ab und kann selbstständig Tee zu Kombucha machen.
Kombucha ist nach 6–10 Tagen fertig. Man kann ihn entweder sofort trinken oder man lässt ihn unter der Zugabe von Früchten ein zweites Mal fermentieren. Bei diesem Prozess entsteht Kohlensäure.

KOMBUCHA

Für 1 l:
6 g Bio-Grüntee
6 g Bio-Schwarztee
100 g Rohrohrzucker
1 Kombucha Teepilz mit
200 ml Ansatzflüssigkeit

Außerdem:
1 Gärgefäß à 1,5 l
Tuch und Gummiband
zum Abdecken
Plastiklöffel
2 Flaschen à 750 ml
mit Deckel
1 Kunststofftrichter
Kunststoffsieb

1 Alle Utensilien mit Spülmittel und heißem Wasser reinigen und zweimal mit klarem, kaltem Wasser ausspülen. In einem Topf 1 l Wasser aufkochen und den Tee hineingeben. Mind. 15 Min. ziehen lassen, anschließend abseihen und in das Gärgefäß geben. Den Zucker einrühren, bis er sich aufgelöst hat, und den Tee vollständig abkühlen lassen.

2 Die Ansatzflüssigkeit und den Pilz mit der glatten Seite nach oben in den kalten, gesüßten Tee geben. Mit einem Tuch abdecken, mit einem Gummi fixieren und das Gefäß an einen Ort stellen, wo das Glas nicht unbedingt bewegt werden muss, z. B. auf den Küchenschrank. Nach ca. 5 Tagen kann man mit einem Plastiklöffel oder einem Strohhalm etwas Tee entnehmen und probieren. Je nach Zimmertemperatur kann die Fermentation noch 5 weitere Tage dauern. Der Kombucha wird mit der Zeit immer saurer. Wartet man zu lange, hat man Kombucha-Essig.

3 Ist der gewünschte Fermentationsgrad erreicht, 200 ml fertigen Kombucha (Ansatzflüssigkeit) in ein weites Schraubglas gießen. Den Pilz mit sauberen Händen entnehmen und unter handwarmem Wasser abspülen (man kann den neu gebildeten Pilz vom Mutterpilz trennen oder zusammenlassen). In das Glas mit der Ansatzflüssigkeit legen und entweder direkt neuen Kombucha ansetzen oder das Glas abdecken und den Pilz zum Pausieren in den Kühlschrank stellen. Er muss ca. alle 10 Tage mit etwas gesüßtem Tee gefüttert werden.

4 Den fertigen Kombucha durch ein Kunststoffsieb in die sauberen Flaschen gießen (nicht ganz voll machen). Wer mag, kann den Kombucha noch ein zweites Mal fermentieren und dabei aromatisieren. Das geht, indem man jede Art von frischen oder getrockneten Früchten, Ingwer, Kräuter, Blüten, Tee, Fruchtsaft, Sirup oder auch zum Verzehr geeignete ätherische Öle zugibt. Schöne Geschmackskombinationen sind z. B. Birne-Ingwer, Beeren-Minze, Rhabarber-Vanille oder Apfel-Ahornsirup. Dann die Flasche verschließen und bei Zimmertemperatur 1–2 Tage oder länger fermentieren lassen. WICHTIG: Jeden Tag die Flaschen öffnen, damit das entstandene Gas entweichen kann! Sonst besteht Explosionsgefahr! Wenn das Getränk fertig ist, kann man es durch ein Kunststoffsieb in eine saubere Flasche füllen und im Kühlschrank aufbewahren.

Pro Portion:
300 kcal, 16 g F, 5 g KH, 1 g B, 29 g E

TIPP Kombuchapilze haben besondere Bedürfnisse. Zum Beispiel mögen sie kein Metall, deshalb Gefäße aus Glas und Siebe, Trichter und Löffel aus Kunststoff verwenden und Schmuck am besten ablegen. Außerdem verträgt der Pilz keine Hitze, daher den Tee vorher gut abkühlen lassen. Alternativ kann man Kombucha auch mit kalt „aufgebrühtem“ Tee herstellen, dafür den Tee in kaltes Wasser geben und über Nacht ziehen lassen.

UND ES HAT ZISCH GEMACHT

✱✱ MITTEL ◔ 5 TAGE + 10–20 MIN. + 12 STD. FERMENTATION

Für Getränke wie Ginger Beer braucht man einen sogenannten Ginger Bug. Diesen muss man nicht kaufen, sondern kann ihn ganz leicht aus Bio-Ingwer, Zucker und Wasser selber herstellen. Nach 5–10 Tagen ist er aktiv genug, und man kann damit Getränke brauen.

GINGER BEER

Ginger Bug:
75 g Bio-Ingwer mit Schale
75 g Rohrohrzucker

Außerdem:
1 sauberes Glas

Für 1 l Ginger Beer:
2 EL Ginger Bug
1 Stück (ca. 2 cm) Bio-Ingwer
800 ml kochendes Wasser
200 ml frisch gepresster Orangensaft
2 EL Ahornsirup

Außerdem:
2 saubere Flaschen à 1 l

1 Für den Ginger Bug 1 EL frisch geriebenen oder fein gehackten, ungeschälten Bio-Ingwer mit 1 EL Rohrohrzucker und 300 ml Wasser in einem Glas mischen. Luftdurchlässig, z. B. mit Küchentuch und Gummiband, abdecken und bis zum nächsten Tag bei Zimmertemperatur stehen lassen.

2 Am nächsten Tag erneut 1 EL geriebenen Ingwer und 1 EL Rohrohrzucker unterrühren. Diesen Vorgang an den 5 folgenden Tagen wiederholen, bzw. so lange, bis beim Umrühren in der Flüssigkeit viele Bläschen aufsteigen. Nun kann gebraut werden. Der Ginger Bug kann im Kühlschrank aufbewahrt werden und sollte 1 x pro Woche mit 1 EL geriebenem Ingwer und 1 EL Zucker gefüttert werden.

3 Für das Ginger Beer den Ginger Bug in die Flaschen füllen. Den Ingwer reiben, in einem Topf mit dem Wasser übergießen und abkühlen lassen. Anschließend mit Orangensaft und Ahornsirup zum Ginger Bug gießen, die Flaschen nur zu zwei Dritteln füllen. Verschlossen bei Zimmertemperatur 12 Std. fermentieren lassen. Dann die Flasche vorsichtig und am besten über dem Waschbecken öffnen, um die entstandenen Gase entweichen zu lassen. Weitere 12 Std. fermentieren und anschließend wieder die Kohlensäure entweichen lassen. Das fertige Getränk im Kühlschrank aufbewahren, aber auch da 1 x täglich öffnen, damit sich nicht zu viel Druck aufbaut. Die Flasche kann sonst explodieren.

Pro Glas (200 ml):
35 kcal, 0 g F, 7 g KH, 0 g B, 0 g E

TIPP Ginger Bug ist ein lebender Organismus, deshalb muss er regelmäßig gefüttert werden. Hände und Utensilien sollten übrigens sauber, aber nicht desinfiziert sein.

KOREANISCHES SUPERKRAUT

✱✱✱ SCHWIERIG ◷ CA. 2 STD. + 4 STD. RUHEZEIT + 5–7 TAGE FERMENTATION

Den Geschmack von Kimchi kann man wohl am ehesten mit Sauerkraut vergleichen, er ist aber noch weitaus vielschichtiger. Die Aromen von Ingwer, Rettich und natürlich das feurige Chilipulver verbinden sich mit dem fermentierten Gemüse und werden mit der Zeit zu einem prickelnd-frischen und außerdem überaus gesunden Snack.
Während der ersten Tage riecht das Kimchi ziemlich intensiv, man sollte das Glas also nicht unbedingt vor dem Frühstück öffnen. Aber um ehrlich zu sein: Ist man erst auf den Geschmack gekommen, hat man bereits morgens Lust auf das Superkraut …

KiMCHI

Für 8 Portionen
1 Chinakohl
ca. 4 EL Meersalz
2 EL Klebreismehl
1 TL Zucker
½ weiße Gemüsezwiebel
1 Stück Ingwer (ca. 5 cm)
4 Knoblauchzehen
1–2 EL Chilipulver (am besten das koreanische „Gochugaru")
1 EL Fischsauce (optional)
1 Daikon-Rettich (alternativ normaler Rettich)
2 Möhren
1 Bd. Frühlingszwiebeln
gerösteter Sesam zum Servieren

Außerdem:
Einweghandschuhe
sterilisiertes Gärgefäß aus Ton oder Glas (2 l Fassungsvermögen)

1 Den Chinakohl waschen. Nur am Strunk einschneiden und beide Hälften auseinanderreißen, sodass die Blätter ganz bleiben. Die Kohlhälften ebenso teilen. Die Viertel in eine saubere Schüssel legen, einmal mit Wasser bedecken und sofort wieder abgießen, sodass die Blätter überall gut befeuchtet sind. Anschließend jedes Blatt gründlich salzen, dabei die weißen, dickeren Teile etwas kräftiger salzen als die gekräuselten Ränder.

2 Den Kohl ca. 4 Std. ziehen lassen, bis er weich geworden ist. Zwischendurch mehrmals wenden. Anschließend zweimal mit klarem Wasser auswaschen und ausdrücken.

3 In einem Topf das Klebreismehl mit 200 ml kaltem Wasser glatt rühren. Aufkochen und unter Rühren glasig werden lassen. Den Zucker untermengen und die Paste abkühlen lassen.

4 Zwiebel, Ingwer und Knoblauch schälen, grob hacken und im Blitzhacker pürieren oder im Mörser stampfen. Chilipulver und nach Belieben Fischsauce untermengen und in die Mehlpaste rühren. Rettich und Möhren schälen und in sehr feine Stifte ho-

beln, Frühlingszwiebeln in feine Streifen schneiden. Zur Chili-Mehl-Paste geben und gründlich unterrühren.

5 Einweghandschuhe anziehen (das Chilipulver kann sonst sehr unangenehm werden) und jedes Kohlblatt mit der Paste einreiben. Die Kohlviertel zu kompakten Päckchen einwickeln und möglichst eng in ein Gärgefäß schichten, sodass Luft verdrängt wird. Dabei 3–5 cm Platz zum oberen Rand lassen. Locker abdecken, z. B. mit einem Deckel oder einer Untertasse (nicht zuschrauben, damit entstehende Gase entweichen können). Um böse Überraschungen mit überlaufender Gärflüssigkeit zu vermeiden, das Gefäß in einen tiefen Teller oder eine Auflaufform stellen.

6 Das Kimchi 1–2 Tage bei Zimmertemperatur ruhen lassen, bis die Fermentation beginnt. Den Kohl unter die Gärflüssigkeit drücken und im Kühlschrank ca. 6 weitere Tage fermentieren lassen. Wie schnell das Kimchi fermentiert, hängt unter anderem von der Temperatur in deiner Küche ab. Am besten vertraust du auf deinen Geschmack und probierst zwischendurch.

7 Zum Servieren den Kohl in mundgerechte Stücke schneiden und mit Sesam bestreuen.

Pro Portion:
98 kcal, 3 g F, 11 g KH, 5 g B, 3 g E

CRÈME DE LA CRÈME

✱✱ MITTEL ◔ CA. 30 MIN. + 12–24 STD. FERMENTATION

Kokosjoghurt erfreut sich seit dem gestiegenen Interesse an veganer Ernährung immer größerer Beliebtheit. Allerdings ist er noch lange nicht überall erhältlich und keineswegs günstig; was für ein Glück, dass es nicht schwierig ist, ihn zu Hause selber herzustellen. Hier vorgestellt werden eine Variante aus Kokosmilch mit Agar-Agar und eine etwas festere aus verdünnter Kokoscreme, die ohne Gelierhilfe auskommt.
Für den Anfang kann man sich im Bioladen probiotisches Pulver besorgen, das die Milch bzw. die Creme zu Joghurt werden lässt. Den nächsten Ansatz kann man dann mit 2 EL vom fertigen Joghurt „impfen".

KOKOS-JOGHURT

Für je 500 ml

mit Agar-Agar
500 ml Kokosmilch
1 TL Rohrohrzucker
1 TL Agar-Agar
1 TL probiotisches Pulver („Ferment")

Außerdem:
Thermometer
sterilisierte Schraubgläser

1 400 ml Kokosmilch mit dem Zucker in einem Topf erhitzen und rühren, bis sich der Zucker aufgelöst hat. Vom Herd nehmen.

2 Die restliche Kokosmilch mit dem Agar-Agar in einem zweiten kleinen Topf aufkochen und bei mittlerer Hitze 1 Min. unter Rühren köcheln lassen. Zur restlichen Milch gießen und gründlich verrühren. Die Mischung auf 38 °C abkühlen lassen.

3 Das probiotische Pulver zugeben und gründlich verrühren. In sterilisierte Gläser füllen und verschließen. Zum Fermentieren muss die Flüssigkeit nun 12–24 Std. bei 40 °C ruhen. Dafür entweder auf die Heizung oder an einen anderen warmen Ort stellen und mit einem Handtuch umwickeln. Alternativ die Gläser in den Backofen stellen und lediglich die Backofenlampe anschalten.

4 Anschließend den Joghurt mind. 6 Std. im Kühlschrank fest werden lassen. Er hält sich ca. 4 Tage.

Pro Portion à 125 g:
228 kcal, 21 g F, 5 g KH, 0 g B, 2 g E

ohne Gelierhilfe
200 g Kokosmus
1 TL Rohrohrzucker
1 TL probiotisches Pulver

Außerdem:
Thermometer
sterilisierte Schraubgläser

1 Das Kokosmus über dem heißen Wasserbad erwärmen, bis es weich wird. Vom Herd nehmen und mit Zucker und 200 ml kochendem Wasser glatt rühren. 100 ml kaltes Wasser unterrühren und die Mischung auf 38 °C abkühlen lassen. Das probiotische Pulver zugeben und gründlich verrühren. Für die weitere Verarbeitung dem vorherigen Rezept ab Schritt 3 folgen.

Pro Portion à 125 g:
355 kcal, 34 g F, 5 g KH, 6 g B, 3 g E

SAMMELN, TROCKNEN, MISCHEN

Feld, Wald und Wiese werden im Frühling und Sommer zu einem Gratis-Kräutermarkt. Manche Kräuter wie Zitronenmelisse oder die milde Apfelminze wachsen wohl eher im Töpfchen oder im Garten als in freier Natur, können aber natürlich trotzdem gehegt, gepflegt und getrocknet werden. Das betrifft auch klassische Küchenkräuter wie Rosmarin oder Thymian. Fest steht: Wer in den warmen Monaten fleißig sammelt, kann sich in der kälteren Jahreszeit an einer Kanne heißem, selbst gemischtem Tee erfreuen.

KRÄUTERTEE

Blumen werden zu Beginn ihrer Blütezeit geerntet, alle anderen Pflanzen vor ihrer Blütezeit. Es sollte trocken sein und 2 Tage lang nicht geregnet haben. Vormittags, wenn der Tau getrocknet ist, die Sonne die Pflanzen aber noch nicht erwärmt hat, ist der beste Zeitpunkt. Es sollte immer ein guter Teil der Pflanze stehen gelassen werden. Während des Sammelns bewahrt man die Kräuter am besten in einem Stoffbeutel auf, in Plastik können sie schnell verderben.

Der Ort zum Trocknen sollte schattig sein, sonst verlieren die Blätter ihre Farbe und ihr Aroma. Außerdem sollte es gut durchlüftet und natürlich trocken sein.

Zum Trocknen bieten sich unterschiedliche Methoden an: Manche Pflanzen können im Bund aufgehängt werden, andere sollten möglichst in einer Lage ausgebreitet, auf Küchen- oder Butterbrotpapier oder besser noch auf einem Sieb, trocknen. Spezielle Siebe kann man entweder kaufen oder aus einem einfachen Holzrahmen und dünnem Stoff selber bauen. Das Aufhängen beansprucht weniger Platz, von manchen Pflanzen müssen allerdings zum Trocknen die Blättchen abgezupft werden, sodass sich nur letztere Methode anbietet.

Wenn die Blätter durchgetrocknet, also „rascheltrocken" sind, können sie zunächst in Stoffbeuteln aufbewahrt werden. So kann eventuelle Restfeuchtigkeit besser verdunsten. Anschließend in Gläser oder Metalldosen füllen. Sie halten sich ca. 1½ Jahre, danach verlieren sie ihr Aroma. Umso weniger zerkleinert, desto länger haltbar sind die Blätter.

Apfelminze: Die milde Schwester der Pfefferminze wächst nicht unbedingt wild, man kann sie aber als Topfpflanze oder im Garten ziehen und frisch oder getrocknet verwenden.

Bio-Apfelschale: Apfelschale im Tee schmeckt schön fruchtig. Im Backofen trocknen oder auf Papier ausgebreitet einfach über Nacht auf die lauwarme Heizung legen.

Bio-Zitrusschale: Schmeckt besonders gut im Eistee. Zum Trocknen auf die lauwarme Heizung legen.

Birkenblätter: Die Blätter können zum Trocknen ab Mai gesammelt werden und haben entwässernde Wirkung.

Brennnessel: Nur junge Triebe sammeln (Handschuhe nicht vergessen!). Zum Trocknen ausbreiten, alternativ in Bündeln aufhängen.

Brombeerblätter: Aufgrund ihres Gerbstoffgehalts können sie fermentiert werden. Erst dadurch gewinnen sie an Aroma. Dafür die (einwandfreien) Blätter einen Tag im Schatten anwelken lassen. Dann auf einem Geschirrtuch verteilen und leicht mit Wasser besprühen. Anschließend mit einer Teigrolle walzen, bis die Blätter gründlich zerknittert sind. Das Tuch dicht aufrollen und fixieren. In einen Plastikbeutel legen, verschließen und an einem warmen Ort 2–3 Tage fermentieren lassen, bis sich die Blätter schwarz färben. Anschließend können die Blätter an der Luft getrocknet werden. Das Geschirrtuch kann sich dabei übrigens verfärben, also nicht unbedingt das liebste Stück auswählen.

Fichtennadeln: Im Wald nur sparsam und im unteren Bereich des Baumes sammeln, evtl. den Förster fragen. Ein Aufguss aus Fichtennadeln schmeckt schön würzig.

Gänseblümchen: Die Blümchen schmecken sehr mild. Zum Trocknen ausbreiten oder zur Girlande auffädeln.

Hagebutte: Hagebutten sind eine klassische Zutat für Früchtetee und können ab Oktober geerntet werden. Zum Trocknen halbieren und entkernen. Entweder bei max. 40 °C im Backofen oder an der Luft trocknen.

Heidelbeerblätter: Heidelbeerblätter müssen vor dem Trocknen besonders gut gewaschen werden (Fuchsbandwurmgefahr!).

Himbeerblätter: Himbeerblätter eignen sich wie Brombeerblätter zum Fermentieren.

Holunderblüten: Zum Trocknen die Dolden kopfüber aufhängen.

Kamille: Die Blüten zum Trocknen ganz knapp am Stiel abschneiden und ausgebreitet trocknen oder zur Girlande auffädeln.

Kornblume: Steht unter Naturschutz, also nur im eigenen Garten sammeln.

Lavendel: Stiele zu kleinen Sträußchen zusammenfassen und kopfüber aufhängen, sparsam dosieren.

Lindenblüten: Blüte beginnt im Juni. Auf Papier ausgebreitet oder bei 40 °C im Backofen trocknen.

Löwenzahn: Von Mai bis September sammeln. Die Blätter bei max. 40 °C im Backofen trocknen. Zwischendurch die Backofentür öffnen.

Malve: Muss zum Trocknen besonders luftig und locker liegen. Sie verleiht Tee eine leuchtend blaue Farbe.

Pfefferminze: Erntezeit ab Mitte Mai. Kann in Sträußchen aufgehängt oder ausgebreitet getrocknet werden.

Ringelblume: Zum Trocknen am besten die Blütenblätter abzupfen.

Rose: Nur ungespritzte Blüten verwenden. Die Blütenblätter abzupfen und in einer Lage auf Papier ausbreiten.

Rosmarin: Nadeln abzupfen und ausgebreitet trocknen oder die Stängel im Bund aufhängen.

Salbei: Erntezeit im Juni und Juli. Blätter abzupfen und ausbreiten oder Stängel im Bund aufhängen.

Schafgarbe: Am besten von Juli–September schneiden (Blüten und Triebspitzen) und im Bund trocknen.

Sonnenblumenblüten: Blütenblätter abzupfen und ausgebreitet trocknen.

Spitzwegerich: Am besten zwischen Mai und September ernten. Zum Trocknen die Blätter ausbreiten.

Thymian: Im Bund trocknen.

Zitronenmelisse: Schmeckt frisch am besten. Blätter können aber auch ausgebreitet getrocknet werden.

Zitronenverbene: Wächst bei uns leider nicht wild, macht sich aber gut auf dem eigenen Balkon. Ausgebreitet trocknen.

LECKERE MISCHUNGEN

Pro Tasse 1–2 TL getrocknete Kräuter mit kochendem Wasser aufbrühen.

Herbsttee:
je 1 EL Holunder- und Lindenblüten, je ½ EL Pfefferminze, Salbei, Kamille, Thymian und Spitzwegerich

Guten-Morgen-Tee:
2 EL Zitronenverbene, je 1 EL Brombeerblätter, Pfefferminze, Rosmarin und Ringelblumenblüten

Abendtee:
je 2 EL Brombeerblätter, Zitronenmelisse und Kamille, 1 EL Lavendel

Eistee:
2 EL Brombeerblätter, je 1 EL Zitronenmelisse, Zitronenverbene, Zitronengras und Ringelblumenblüten

Immun-Tee:
e 1 EL Holunderblüten, Hagebutten, Kamillenblüten, ½ EL Ringelblumenblüten, 1 TL Salbei

Schlechtwetter-Tee:
2 EL Brombeerblätter, je 1 EL Zitronenmelisse, Pfefferminze, Lindenblüten, Hagebutten, Apfelschale, Holunderblüten, Sonnenblumenblüten, Ringelblumenblüten

Haustee:
je 2 EL Apfelminze, Zitronenmelisse und Brombeerblätter, je ½ EL Brennnessel und Schafgarbe, 1 TL Ringelblumenblüten, Rosenblätter und Kornblumenblüten

FRUCHTIG ZUCKRIG GRANATENMÄSSIG

✱ LEICHT ◔ 20 MIN. + 1 STD. KOCHZEIT

Der Granatapfel gilt als die älteste Heilfrucht der Welt. Der Sirup passt hervorragend zu orientalischen Salaten, ist ein toller Ersatz für Balsamico und macht sich prima als Eiscreme-Topping. Und wenn man den Trick für spritzfreies Auslösen der Kerne kennt, ist der Rest ein Kinderspiel.
Ein Sirup aus Holunderbeeren versüßt im Sommer Smoothies und im Herbst heißen Tee. Er passt außerdem gut zu Roter Bete und verleiht Wildgerichten eine herb-fruchtige Note. Ob in der Stadt oder auf dem Land, Holunderbeeren findet man im Sommer überall. Aber Achtung: Die Beeren sind in rohem Zustand giftig. Außerdem sollte man bei der Verarbeitung Einweghandschuhe tragen, um schwarz-violette Flecken an den Händen zu vermeiden.

GRANAT-APFEL-SIRUP

Für 300 ml
6 große Granatäpfel
100 g Zucker
2 TL Zitronensaft

Außerdem:
Sieb
kleine sterilisierte Flasche

1 Eine große Schüssel etwa zur Hälfte mit Wasser füllen. Die Granatäpfel quer halbieren und im Wasser in Stücke brechen. Behutsam mit den Fingern die Kerne aus der Schale und den Fruchthäutchen lösen. Die Kerne sinken nach unten, die bitteren Häutchen steigen nach oben. Nun das Wasser mitsamt den Häutchen abgießen.

2 Die Kerne in einem Blitzhacker pürieren (nicht allzu lange, die Kerne sollen nicht zermahlen werden) und durch ein Sieb in einen Topf passieren.

3 Zucker und Zitronensaft zugeben und alles aufkochen. Bei niedriger Hitze offen ca. 1 Std. köcheln lassen. In ein sterilisiertes Fläschchen füllen. Der Sirup ist ca. 6 Monate haltbar.

Pro EL:
23 kcal, 0 g F, 5 g KH, 0 g B, 0 g E

HOLUNDER-BEEREN-SIRUP

Für ca. 750 ml
1 kg Holunderbeeren
500 g Zucker
1 Vanilleschote
Abrieb und Saft von
½ Bio-Zitrone
1 Zimtstange
1 Sternanis

Außerdem:
feines Sieb oder Flotte Lotte
Teesieb
sterilisierte Flasche

1 Die Holunderbeeren an den Dolden lassen und kalt abspülen. Erst dann die Beeren mit einer Gabel oder mit den Fingern von den Dolden lösen. In einen Topf geben und mit Wasser bedecken (ca. 300 ml). 10 Min. kochen, bis die Beeren aufplatzen. Durch ein Sieb oder mit einer Flotten Lotte in einen Topf streichen.

2 Zucker zugeben. Die Vanilleschote längs aufschneiden und das Mark herauskratzen. Vanilleschote und -mark, Zitronenabrieb und -saft, Zimtstange und Sternanis zugeben. Alles aufkochen und bei niedriger Hitze 10 Min. offen köcheln lassen. Über Nacht abgedeckt ziehen lassen.

3 Den Sirup durch ein Teesieb filtern. Erneut einmal aufkochen und noch heiß in die sterilisierte Flasche füllen. Der Sirup hält sich ungeöffnet ca. 1 Jahr. Nach dem Öffnen sollte er im Kühlschrank aufbewahrt und zügig verwendet werden.

Pro EL:
31 kcal, 0 g F, 7 g KH, 0 g B, 0 g E

ERFRISCHUNGS-STÄBCHEN ASIA-STYLE

✱ **LEICHT** ◔ **CA. 3,5 STD. AUF 4 TAGE VERTEILT**

Ingwer, der Superman unter den Knollen, schützt uns vor Erkältungskatastrophen und rettet Schwangere aus dem Tal der Übelkeit. In kandierter Form bleibt er uns lange erhalten, was für ein Glück!
Klassischerweise kandiert man ihn über mehrere Tage hinweg, dadurch wird der Ingwer durch und durch mit Zuckersirup getränkt, ist lange haltbar und schön zart. Wer nicht ganz so lange warten möchte, nimmt die Abkürzung. Der Ingwer wird dafür in Ahornsirup kandiert, was ihm eine schöne Karamellnote verleiht. Der hierbei übrig bleibende Ahorn-Ingwer-Sirup ist köstlich, also nicht wegschütten! Man kann ihn zum Backen, Kochen oder Einmachen verwenden oder Getränke damit süßen.

KANDIERTER INGWER

Für ca. 360 g
250 g Ingwer
300 g Rohrohrzucker
2 Scheiben von
1 Bio-Zitrone

TIPP

Bei dieser Methode muss der Ingwer etwas im Auge behalten werden, damit er nicht anbrennt. Im Zweifel etwas mehr Wasser zugeben.

1 Tag 1: Die Ingwerschale mit der Kante eines Teelöffels abschaben. Den Ingwer in Stäbchen oder kleine Würfel schneiden. Mit 250 ml Wasser in einen Topf geben, aufkochen und in ca. 20 Min. bei niedriger Hitze weich kochen. 60 g Zucker und 250 ml Wasser zugeben und weitere 20 Min. köcheln lassen. Vom Herd nehmen und abgedeckt bei Zimmertemperatur 12–24 Std. ziehen lassen.

2 Tag 2 morgens: Morgens 60 g Zucker und die Zitronenscheiben zum Ingwer geben. 20 Min. köcheln lassen, dann die Zitronenscheiben entfernen, vom Herd nehmen und 12 Std ziehen lassen.

3 Tag 2 abends: 60 g Zucker und ca. 125 ml Wasser zugeben und den Ingwer wie gehabt 20 Min. köcheln und anschließend 12 Std. ziehen lassen.

4 Tag 3 morgens: 60 g Zucker und ca. 125 ml Wasser zugeben. Den Ingwer 20 Min. köcheln, vom Herd nehmen und 12 Std. ziehen lassen.

5 Tag 3 abends: Die restlichen 60 g Zucker und ca. 125 ml Wasser zugeben. Den Ingwer 20 Min. köcheln, vom Herd nehmen und 12 Std. ziehen lassen.

6 Tag 4: Den Ingwer mit einem Schaumlöffel aus dem Sirup nehmen und auf ein mit Backpapier belegtes Blech geben. Den Ingwer im Backofen bei niedrigster Temperatur (Umluft) in ca. 1 Std. trocknen. Luftdicht verschlossen in einer Dose oder einem schraubglas aufbewahren. Dunkel und kühl aufbewahrt hält sich der Ingwer ca. 6 Monate.

Pro Portion ca. 30 g:
77 kcal, 0 g F, 18 g KH, 0 g B, 0 g E

TIPP Für die schnelle Variante die Ingwerstäbchen mit 200 ml Ahornsirup und 200 ml Wasser in einen Topf geben. Aufkochen und abgedeckt (!) bei niedrigster Hitze 30 Min. köcheln. Den Deckel entfernen und weitere 30 Min. köcheln, bis die Flüssigkeit zur Hälfte reduziert ist. Vom Herd nehmen.
Den Ingwer mit einem Schaumlöffel aus dem Sirup nehmen und auf ein mit Backpapier belegtes Blech legen. Entweder im Backofen bei niedrigster Temperatur (Umluft) in ca. 1 Std. oder an der Luft trocknen.

GRÜSSE AUS DEM SPREEWALD

✱ LEICHT ◔ 40–50 MIN. + CA. 5 TAGE FERMENTATION

Das Einlegen von Gurken in Salzlake ähnelt der Herstellung von Sauerkraut. Durch die Fermentation wird das Gemüse einerseits haltbar gemacht, andererseits entstehen Nährstoffe, die dem Darm guttun und das Immunsystem unterstützen.
Es werden dafür Einlegegurken verwendet, die in den Sommermonaten auf dem Wochenmarkt oder im türkischen Supermarkt erhältlich sind. Gern gesehene Partner sind Knoblauch und vor allem Dillblüten, die mit etwas Glück genau neben den Gürkchen feilgeboten werden. Falls nicht, tut es auch der Dill selbst.

SALZ-DILL-GURKEN

1 kg Einlegegurken von ähnlicher Größe
1 Knoblauchknolle
ca. 3 Dillblüten
3–4 Wein-, Johannisbeer-, oder Kirschblätter (alternativ ein Stück Meerrettich)
1–1 ½ EL unraffiniertes Meersalz (nicht jodiert!)

Außerdem:
Gärgefäß mit weiter Öffnung aus Ton oder Glas (Fassungsvermögen 2–3 l) oder mehrere kleine Gläser (Fassungsvermögen 1 l)
Tuch zum Bedecken
Gummiband
Schraubglas zum Lagern der Gurken

1 Die Gurken sehr gründlich waschen, evtl. abbürsten und für 30 Min. in eiskaltes Wasser legen. Beschädigte Gurken aussortieren. Den Stiel entfernen, dabei die Gurke aber nicht anschneiden. Die Knoblauchzehen vereinzeln und schälen. Die Stiele der Dillblüten etwas kürzen.

2 Die Weinblätter auf den Boden des Gärgefäßes oder der Gläser legen. Darauf im Wechsel Gurken, Knoblauch und Dillblüten dicht schichten, mit Gurken abschließen. Das Salz in 1 l Wasser auflösen. Über die Gurken gießen, sie müssen – auch während der Fermentation – vollständig bedeckt sein.

3 Eine Untertasse o. Ä. zum Beschweren auf die Gurken legen, sie würden sonst mit der Zeit an die Oberfläche steigen (Schimmelgefahr!). Das Gefäß nicht zu stark füllen, sonst könnte die Flüssigkeit durch die entstehenden Gase überlaufen. Zur Sicherheit das Glas in einen tiefen Teller oder eine Auflaufform stellen.

4 Das Gefäß mit einem Tuch bedecken, mit einem Gummi fixieren und die Gurken für ca. 5 Tage bei Zimmertemperatur fermentieren lassen. Jeden Tag prüfen, ob die Gurken noch mit Lake bedeckt sind. Wenn der gewünschte Fermentationsgrad erreicht ist, die Gurken in ein sauberes Schraubglas füllen und im Kühlschrank aufbewahren. Sie halten sich ca. 6 Monate.

Pro 100 g:
13 kcal, 0 g F, 2 g KH, 1 g B, 1 g E

TIPP Ganz wichtig beim Fermentieren ist die Sauberkeit der Gurken und des Gärgefäßes, damit sich kein Schimmel bildet. Keine Sorge, wenn nach einigen Tagen auf der Flüssigkeit ein weißer Belag entsteht, er ist nicht schädlich und kann abgeschöpft werden.
Die tanninreichen Weinblätter bzw. der Meerrettich sorgen dafür, dass die Gurken knackig bleiben.

LASS ES SPRIESSEN

✳ LEICHT ◔ 40–50 MIN. + CA. 5 TAGE KEIMEN

Sprossen ziehen macht einfach Spaß: Die kleinen Burschen wachsen innerhalb von wenigen Tagen, der Arbeitsaufwand ist gering, die Ausbeute und die Menge an gesunden Inhaltsstoffen groß. Man braucht noch nicht einmal besonders viel Equipment, ein Glas, ein Stück Stoff, ein Gummiband und natürlich die Samen oder Hülsenfrüchte, die man sprießen lassen möchte. Los geht's!

SPROSSEN ZIEHEN

3 EL Samen oder Hülsenfrüchte

Zubehör:
Glas (ca. 500 ml)
dünner Stoff zum Bedecken der Glasöffnung (luftdurchlässig)
Gummiband
Schale

1 Die Samen oder Hülsenfrüchte in eine Schüssel geben und mit Wasser bedecken. Alles, was oben schwimmt, sowie beschädigte Samen entsorgen. Das Wasser abgießen und die Samen in ein Glas füllen. Mit Leitungs- oder gefiltertem Wasser bedecken, die Öffnung mit einem speziellen Deckel zum Sprossenziehen oder einem dünnen Tuch oder Stoff (z. B. Feinstrumpfhose) abdecken und mit einem Gummiband fixieren. Die Samen über Nacht einweichen lassen.

2 Am nächsten Morgen das Wasser abgießen. Die Samen 2–3-mal mit frischem Wasser spülen und wieder abgießen. Das Glas schräg in eine passende Schale stellen, sodass überschüssiges Wasser abfließen kann und die Samen so gut wie möglich im Glas ausgebreitet sind. An einen Ort ohne direkte Sonneneinstrahlung stellen. Am Abend wie beschrieben die Samen mehrmals spülen, anschließend schräg aufstellen. Evtl. das Wasser aus dem Schälchen entfernen.

3 Die Samen an den folgenden 3 Tagen jeweils morgens und abends wie beschrieben spülen. Wenn die Sprossen groß genug sind (je nach Sorte kann das 1–6 Tage dauern) in einem Sieb 8. Std. abtropfen lassen. Anschließend in einen sauberen Behälter füllen und verschlossen im Kühlschrank aufbewahren.

Pro 100 g
Alfalfasprossen:
35 kcal, 1 g F, 2 g KH, 2 g B, 4 g E

Getreidesprossen:
74 kcal, 0 g F, 13 g KH, 2 g B, 3 g E

Mungobohnensprossen:
26 kcal, 0 g F, 2 g KH, 1 g B, 3 g E

TIPP Es gibt im Handel spezielle Samen und Mischungen, die zum Sprossenziehen ausgezeichnet sind. Wer auf eine Keimgarantie verzichten kann, greift zu den sehr viel günstigeren handelsüblichen Verpackungen. Geeignet sind z. B. Senf, Radieschen, Kresse, Linsen, Quinoa, Amaranth, Alfalfa, Mungobohnen, Kichererbsen, Dinkel, Roggen, Hafer, Hirse, Erbsen und viele mehr.

REZEPT-REGISTER

Stiftung Warentest
Lützowplatz 11–13
10785 Berlin
Telefon 0 30/26 31–0
Fax 0 30/26 31–25 25
www.test.de
email@stiftung-warentest.de

USt-IdNr.: DE136725570

Vorstand: Hubertus Primus
Weitere Mitglieder der Geschäftsleitung:
Dr. Holger Brackemann, Daniel Gläser

Programmleitung: Niclas Dewitz

Autorin: Agnes Prus, Köln
Projektleitung/Lektorat: Lisa Frischemeier
Korrektorat: Christin Geweke, Nienhagen
Nährwertberechnungen: Astrid Büscher, Hamburg
Mitarbeit: Merit Niemeitz

Fotografie: Yelda Yilmaz, Hamburg
Foodstyling: Anna Walz, Hamburg
Titelgestaltung/Illustrationen/Layout: Stefanie Wawer, Münster
Satz/Umschlaggestaltung: FÖRM – Büro für Gestaltung, Berlin

Produktion: Vera Göring
Verlagsherstellung: Rita Brosius (Ltg.), Susanne Beeh, Romy Alig
Litho: bildpunkt, Berlin
Druck: Schreckhase, Spangenberg

ISBN: 978-3-86851-459-9

Wir haben für dieses Buch 100 % Recyclingpapier und mineralölfreie Druckfarben verwendet. Stiftung Warentest druckt ausschließlich in Deutschland, weil hier hohe Umweltstandards gelten und kurze Transportwege für geringe CO_2-Emissionen sorgen. Auch die Weiterverarbeitung erfolgt ausschließlich in Deutschland.